청소년들의 진로와 직업 탐색을 위한
잡프러포즈 시리즈 58

일상의 작은 기쁨
압화아티스트

청소년들의 진로와 직업 탐색을 위한 잡프러포즈 시리즈 58

일상의 작은 기쁨
압화아티스트

이은진 지음

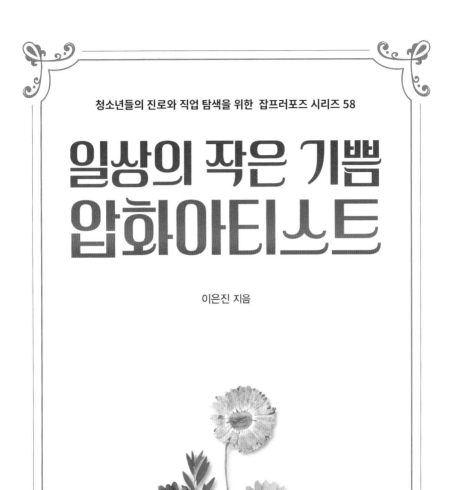

TALK SHOW

실행이 곧 전부이다.
아이디어는 과제 극복의 5%에 불과하다.
아이디어의 좋고 나쁨은
어떻게 실행하느냐에 따라
결정된다고 해도 과언이 아니다.
- 카를로스 곤 닛산자동차 사장 -

커리어의 80퍼센트는
예기치 않은 우연의 사건으로 형성된다.
- 존 크럼볼츠, John D. Krumboltz -

CONTENTS

압화아티스트

이은진의

프러포즈

안녕하세요. 10년 차 압화아티스트 이은진입니다. 현재는 압화 전문 브랜드 〈체크스토리〉를 운영하는 대표이기도 합니다. 압화아티스트, 생소하시죠? 제 직업명을 들으면 한 번에 이해하는 분들이 별로 없더라고요. 압화아티스트는 꽃을 눌러서 가장 예쁜 상태로 만든 후 압화 편지지, 압화 네일아트, 압화 메이크업, 압화 레진공예, 압화 교구 등을 제작하여 사람들의 생활에 꽃을 선물하는 직업이랍니다.

"압화아티스트라면 꽃을 잘 알아야 시작할 수 있는 거 아냐?"라고 생각할 텐데요, 저는 영어과를 졸업했고 전 직업은 웹디자이너였답니다. 꽃과 전혀 관련 없던 저도 압화를 시작하면서 식물과 더 친해졌어요. 지금도 새로운 꽃 이름을 알아가는 것이 저의 즐거움 중 하나이기도 하고요. 마음을 열고 관심을 가지면 압화아티스트라는 매력적인 일에 가슴이 두근거릴지도 몰라요.

1. 멋진 글씨를 쓰는 캘리그래피 선생님이 있어요. 글씨도 쓰고 그림도 그렸는데 뭔가 허전함을 느껴요.

2. 레진아트를 하는데 아름다운 자연을 표현하고 싶어요. 꽃도 한 송이 있으면 좋을 것 같고~

3. 얼마 전 결혼을 했어요. 우리의 결혼을 알렸던 소중한 청첩장을 액자에 담아 기억하고 싶어요.

4. 얼마 전 친구에게 꽃다발을 선물 받았어요. 소중한 사람에게 받은 꽃다발이라 영원히 간직하고 싶어요.

5. 오늘은 결혼을 결심하고 양가 어르신을 만나는 날이에요. 제 마음을 편지에 담아 보내고 싶어요.

6. 집 앞에 예쁜 꽃이 피었어요. 이 꽃을 예쁘게 보관하고 싶어요.

압화는 여러분의 일상에 더하기(+)를 해주는 아이템이랍니다. 작은 압화 하나가 일상의 큰 기쁨을 주는 역할을 해요.

압화아티스트는 누구나 될 수 있어요. 그렇다고 아무나 할 수 있는 건 아니에요. 압화아티스트가 되기 위해서는 어떤 사람이 이 꽃을 필요로 할지, 어떤 제품에 어울릴지 고민해야 하고, 꽃이 어느 계절에 피는지, 꽃마다 어떤 컬러와 모양을 가지고 있는지, 꽃의 특성은 무엇인지 알아야 한답니다. 또한 꽃시장과 산과 들에는 어떤 꽃들이 피는지 계절마다 살피는 관찰력도 있어야 해요. 꽃마다 압화 하는 방법이 다릅니다. 그래서 계속 압화해 보고 테스트해 보는 과정이 필요하기 때문에 도전정신과 실험정신도 필요하답니다. 압화를 이용한 다양한 제품들을 개발해야 하기 때문에 창의력이 있다면 더 좋겠죠.

앗, 여기까지 들으니 걱정되나요? 하지만, 압화아티스트는 이러한 장점들을 가지고 있어요.

첫째, 나이에 제한이 없다는 것입니다. 청소년도, 어르신도, 주부도 누구나 배워서 할 수 있어요.

둘째, 자연을 사랑하게 되고 자연 속에서 살 수 있습니다. 매일 꽃을 볼 수 있는 직업이 많진 않잖아요. 꽃을 매일 보는 것이 최대의 장점이라고 생각해요.

셋째, 공간의 제약이 필요 없습니다. 꽃을 압화 할 수 있는 곳만 있다면 OK!

넷째, 압화를 하면 매일매일, 보람과 성취감을 느낄 수 있답니다.

모든 직업이 그러하듯 그 일을 멋지게 해내기 위해선 부단한 노력이 필요하답니다. 압화아티스트도 마찬가지겠죠? 저는 압화아티스트가 단순히 꽃을 누르는 직업이라고 생각하지 않아요. 압화를 이용한 다양한 제품과 작품을 세상에 내놓으면 많은 사람들이 행복해하고 기뻐하거든요. 압화아티스트는 일상의 작은 기쁨을 선물하는 사람이라고 생각해요! 이 아름다운 직업을 여러분들에게 프러포즈합니다.

첫인사

편 토크쇼 편집자
아 압화아티스트 이은진

🔘 반갑습니다. 잡프러포즈 시리즈에 함께해 주셔서 감사합니다. 최근 집에서 보내는 시간이 늘어나면서 인테리어나 취미 생활에 대한 관심도 덩달아 높아졌죠. 이번에 만나볼 직업은 이러한 흐름에 딱 맞는 직업, 압화아티스트입니다. 본격적인 인터뷰에 들어가기에 앞서 독자 여러분에게 인사 부탁드려요.

🔘 안녕하세요. 압화아티스트이자 압화 전문 쇼핑몰 〈체크스토리〉 대표, 이은진입니다. 꽃에 둘러싸여 꽃만 생각하는 삶을 살고 있답니다.

🔘 대표님 실제로 만나니까 압화아티스트라는 직업과 정말 잘 어울리는 이미지를 가지고 있으시네요. 시대착오적 발언일 수 있지만 대표님이 가진 밝은 에너지를 느끼는 저로서는 이

게 최선의 표현이에요.^^

🔵 누굴 만나도 저에게 밝은 기운이 느껴진다고 해요. 주변에서 저를 보고 가장 많이 하시는 말씀이 "되게 바쁘다.", "되게 잘 웃는다." 두 가지거든요. 바쁜 것과 많이 웃는 건 연결이 되는 것 같아요. 좋아하는 일을 하니까 일하는 게 즐겁고, 일하는 게 즐거우니 그만큼 바쁜 거겠죠? 그런데 좋아하는 일을 하면 걱정이나 스트레스가 없을 거라고 생각하기도 하는데 그렇지는 않아요. 어쨌든 저에게는 프로페셔널하게 잘 해야 하는 '일'이잖아요. 하지만 어떤 상황도 '괜찮아!', '할 수 있어!' 긍정적으로 받아들이기 때문에 많이 웃을 수 있는 것 같아요.

🔵 잡프러포즈 시리즈는 청소년의 다양한 진로 탐색을 위해 기획했습니다. 개인적으로 제가 좋아하는 진로 이론이 있어요. 크럼볼츠 교수의 '계획된 우연 이론'인데요, 우리의 삶에서 만나게 되는 다양한 우연적인 사건들이 긍정적인 효과를 가져와서 개인의 커리어와 연결된다는 내용이죠. 대표님께서는 '우연'이라는 것에 대해 어떻게 생각하세요?

🔵 너무 공감하죠. 제가 그 수혜자거든요. 우연히 TV 드라마를 보다가 압화라는 것을 알게 되었으니까요. 그러나 그 '우연'을 '기회'라고 알아차리는 건 그 순간을 위한 지루한 여정과

21

절실함이 바탕이 되어야 하는 것 같아요. 해외에서도 열풍을 일으킨 한류 드라마지만 압화가 제 눈에만 특별하게 보인 상황이 '계획된 우연'이라는 생각이 들어요.

🔵 저 역시 대표님의 잡프러포즈를 받은 덕분에 압화아티스트라는 흥미로운 직업도 알게 되고 이렇게 인터뷰까지 하는 즐거움을 누리고 있습니다. 〈체크스토리〉 사무실 입구에 붙어 있는 간판이 눈에 확 들어와서 초인종 누르기 전에 사진부터 찍었거든요. 이게 압화인 거죠? 처음 봤어요.

🔵 '돈복 들어오는 현관 인테리어'라는 유튜브 콘텐츠를 제작하면서 만든 거예요. 방문하는 분들이 간판이 예쁘다고 할 때마다 뿌듯하네요. 육각형 우드는 〈아트시스〉라는 사이트에서 주문 제작했어요. 각인만 넣은 그 자체로도 멋스러운데 압화가 더해지니 유니크한 간판으로 탄생했죠. 사용한 꽃은 '비덴스'라는 종인데 저희가 손수 압화 한 꽃이에요. 꽃 건조하는 방법부터 압화 우드 간판 만드는 방법까지 유튜브에 있으니 누구든 보고 만들 수 있어요. 좋아하는 꽃으로 만들 수 있으니까 더 애정이 갈 거예요.

🔵 잠깐 설명을 들었는데도 압화를 활용할 수 있는 비즈니스

〈체크스토리〉 간판

가 무궁무진할 것 같아요. 다양한 분야와의 융합을 통해 새로운 가치를 발견할 수 있겠네요. 앞으로 저와 몇 번을 만나야 할 텐데 출간 제의를 받고 어떠셨어요?

🔵 처음에는 걱정했어요. 압화아티스트라는 직업을 궁금해하는 분들이 있을까? 내가 책을 써도 되나? 쓸만한 역할을 하고 있나?

🔵 그렇게 걱정했지만 저자로 첫발을 내디딘 계기가 뭘까요?

ⓘ 출판사 대표님이 제 지인을 통해서 압화아티스트라는 직업을 처음 들으셨대요. "압화? 그게 뭔데?" 궁금해하신 거죠. 나중에 저와 직접 만나서 제가 하는 일을 들으시고는 너무 재미있어하는 거예요. 그때 용기를 얻었어요. 아직 알려지지 않은 직업이고, 사람들이 궁금해하는구나, 보다 많은 사람들에게 압화라는 세계를 알리고 싶다. 한편으로는 설레기도 했어요. 여태까지 해보지 않은 작업이고 내 이름으로 책을 낸다는 것은 그만큼 책임감과 자부심도 있어야 하잖아요. 지금 준비 중인 압화 책도 한 권 있는데 그 책은 압화 관련 종사자를 위한 책이거든요. 이 책은 압화를 모르는 사람들에게 "이런 직업도 있답니다."라고 알려주고 싶어요.

ⓟ 독자 여러분들이 압화와의 첫 만남을 기대하리라 생각합니다. 대표님의 '인생 그래프'를 그림으로 그리면 어떤 그래프가 나올까요?

ⓘ 10대 때는 상도 많이 받고 학생의 신분을 다해 살았어요. 가족도 화목하고 다 함께 살아서 즐거웠던 기억이 많아요. 이때가 90점이에요. 그리고 제가 중학교 때 부모님이 이혼을 하셨는데 그때 많이 힘들지 않았나 싶네요. 고등학생 때는 점수가 30점으로 가장 낮아요. 가정 형편이 어려우니까 엄마가 상

고에 가라고 했어요. 그때 저보고 다들 좋은 학교에 갈 거라고 했는데, 언니 교복을 물려받아야 했거든요. 그때가 진짜 힘들었어요. 3년 내내 울면서 다녔던 기억이 나요.

🔵 졸업 후 30점이었던 점수가 60점으로 두 배가 뛰네요.

🔵 대학 졸업 후 대우중공업에 입사했거든요. 그때는 일을 제대로 배울 수 있던 시기라 조금은 만족했습니다. 그러다가 엄마 소개로 남동공단에 들어갔어요. 그때 점수가 40점으로 뚝 떨어지는데 적성에 안 맞더라고요. 그러다가 컴퓨터를 배우면서 30대에 웹디자이너가 됐는데 컴퓨터는 잘했지만 감각이 있는 편은 아니었던 것 같아요. 스트레스를 많이 받았죠.

🔵 아동복 쇼핑몰을 열면서 점수가 조금 높아졌어요.

🔵 쇼핑몰 일은 재밌었는데 매출도 없었고 잠을 거의 못 자니까 힘들었어요. 그러다가 현재 운영 중인 〈체크스토리〉를 시작하면서 서서히 괜찮아지다가 2015년, 2016년에 최고 매출을 찍었죠.

🔵 오랜 시간 고생하다가 최고 매출을 찍었으면 경제적으로는 하이라이트라고 할 수 있는데, 점수는 75점에 머물러 있네요.

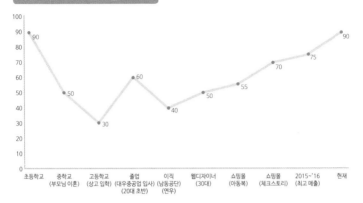

사건 위주로 그린 인생 그래프

초등학교 (부모님 이혼): 90
중학교: 50
고등학교 (상고 입학): 30
졸업 (대우중공업 입사) (20대 초반): 60
이직 (남동공단) (연우): 40
웹디자이너 (30대): 50
쇼핑몰 (아동복): 55
쇼핑몰 (체크스토리): 70
2015~'16 (최고 매출): 75
현재: 90

이 돈은 많이 벌었는데 심적으로 답답했어요. 1년에 해외를 열 번씩 나가고 그랬거든요. 그런데도 공허하고 허전했어요. 지금은 정서적으로도 안정되고 매출도 꾸준히 나오면서 최고 점수 90점까지 올라갔어요.

편 그런데 대표님, 사람들이 보통 인생 그래프를 그릴 때 '사건' 위주로 생각한대요. 그런데 그 사건에서 내가 성장한 점수를 주는 의미 그래프로 그리면 다른 모양으로 나온다는 것 알고 계세요? 의미 그래프로 다시 그려보시겠어요?

이 제가 가장 힘든 시기였던 고등학생 때 지금까지 많이 의지하고 있는 은하라는 친구를 만났네요! 70점까지 쭉 올라갔어

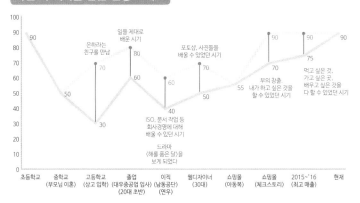

사건 속 의미를 담은 인생 그래프

요. 대우중공업에 입사했을 때도 대기업이다 보니까 일을 제대로 배웠어요. 현재 회사를 경영하는 데 있어서 회사가 어떻게 돌아가는지 그런 시스템을 잘 배운 시기여서 80점을 줬어요. 이후, 〈연우〉라는 회사에서 ISO 같은 문서 작업을 탄탄히 배웠고, 웹디자이너를 하면서 익힌 포토샵이나 이미지 작업들 덕에 남의 손을 빌리지 않고 쇼핑몰 운영을 하고 있고요.

🔵 경제적으로 풍족했지만 마음이 힘들었던 2015년 전후로도 점수가 90점으로 많이 뛰었네요.

🔴 내가 하고 싶은 일을 하면서 돈도 벌고 배우고 싶은 것도 실컷 배울 수 있는 경제적 여건을 만들어 준 고마운 시간들이

더라고요.

편 이 그래프에 '책 출간'이 추가되면 어떤 의미일까요?

이 제가 하는 일들에 대해 정리하는 시간이 될 것 같아요. 앞만 보고 달려왔지 뒤를 돌아볼 생각을 못 했거든요. 쉽게 나오는 답변도 있을 거고, 오래 고민해야 할 답변도 있을 거예요. 제가 잘 할 수 있도록 편집자님께서 도와주세요.^^ 그동안 압화를 위해서 했던 수많은 공부와 도전, 경험과 활동을 통해서 앞으로 펼쳐나갈 방향성에 대한 고민과 아이디어도 함께 얻을 것 같네요.

압화아티스트란

압화아티스트로 일한 지
얼마나 되셨나요?

🔲 압화아티스트로 일한 지 얼마나 되셨나요?

🔲 2012~2013년에 압화를 활용한 편지지를 처음 개발했어요. 8년 정도 되었네요. 압화 편지지 성공 이후 지속적으로 압화를 활용한 냉장고 자석, 엽서, 액자, 볼펜, 액세서리, 유리잔, 압화 네일아트, 압화 메이크업 등을 기획하고 개발하는 일을 하고 있습니다. 또한 〈체크스토리〉라는 압화 전문 쇼핑몰을 운영하고 있는데요, 해외에서 수만 종의 압화들을 직접 수입해 선별하고 분류하고 재구성하여 보다 많은 사람들이 압화 공예를 즐길 수 있도록 질 좋은 압화를 제공하는 것도 압화아티스트로서 중요한 일이에요. 무궁화처럼 시장에서 구할 수 없는 꽃 종류를 직접 말리고 건조하여 압화로 제작하는 일도 하고 있죠.

압화에 대해 설명 좀 해주세요.

🔲 '압화'가 뭔가요?

🔲 어렸을 때 두꺼운 책 사이에 꽃이나 잎을 넣어서 말린 기억이 있을 거예요. 며칠 지나서 책장을 펼쳐보면 꽃 모양 그대로 납작하게 눌러져서 예쁘게 말려져 있죠? 압화는 이렇게 식물의 꽃이나 잎, 열매를 눌러서 말린 것을 말해요. 어릴 때 놀이와 다른 점은 꽃이나 식물의 고유한 색과 형태를 유지하기 위해서 약품 처리와 같은 기술이 들어간다는 점이에요. 우리말로는 꽃누르미 혹은 누름꽃이라고도 불러요.

🔲 우리 선조들이 창호지 바를 때 말린 꽃잎을 넣어서 문을 장식했잖아요. 역사가 오래된 공예군요.

🔲 맞아요. 시간을 거슬러 올라가면 16세기 유럽에서 시작됐

어요. 유럽 식물학자들이 꽃이나 식물 표본을 만든 것에서 유래했다고 해요. 19세기 영국에서 누름꽃을 활용한 장식이 유행하기 시작하면서 압화 예술로 발전했고요. 우리나라는 1980년에 압화가 들어왔기 때문에 유럽에 비해 상대적으로 역사가 짧아요. 그런데 우리나라 사람들이 손재주가 좋잖아요. 액자, 가구, 액세서리 등에 접목하면서 빠르게 발전해 왔어요. 일본, 대만, 중국, 유럽에 비해서 역사도 짧고 시장 규모도 작지만 그만큼 무궁무진한 성장 가능성이 있다고 생각해요.

압화의 매력이 뭔가요?

편 압화의 매력이 뭔가요?

이 일단 예쁘잖아요. 저는 원래 꽃이나 식물에 전혀 관심이 없었는데 압화를 보는 순간 첫눈에 반해버렸어요. 무조건 압화로 무언가를 만들어야겠다는 생각이 들었죠. 꽃 생김새도, 색도 다 다르고요. 압화를 보는 사람마다 예쁘다고 해요. 안타까운 점은 압화의 존재를 모르는 사람들이 훨씬 많다는 점이에요.

편 맞아요. 저는 처음에 압화라는 단어를 듣고는 "아빠요?" 되물었어요.

이 인천에 분위기 좋은 북 카페가 하나 있어요. 그때가 코로나 터지기 전이었는데 이 카페랑 협업해서 '압화 책갈피' 만들기 수업을 진행하고 싶었어요. 북 카페니까 아이들을 데리고 와서 함께 책 읽는 분들이 많거든요. 부모와 자녀가 함께 하는 수업을 무료로 해드리고 싶었죠. 그래서 "안녕하세요, 저 압화 하는 사람인데요." 하면서 사장님한테 인사드렸더니 "아프세요?" 그러는 거예요. 아니라고, 꽃 말려서 이러저러한 제품을 만드는 사람이라고 소개하고 '압화 책갈피' 무료 수업을 진행하고 싶다고 제안했죠. 너무 좋아하시더라고요. 그 수업에 40명이 오셨어요. 그런데 거기서 압화를 아는 분이 몇 명 있었을까요? 두 명이었어요. 압화는 아이부터 어르신까지 모두가 즐길 수 있는 공예예요. 그리고 자연에서 온 식물이니까 보고 만지는 것만으로 행복해지거든요. 이런 압화의 매력을 널리 알리고 싶어서 다양한 활동을 하고 있어요. 이 책 출간도 그러한 이유 중 하나이고요.

성황리에 마친 압화
책갈피 만들기

압화아티스트는 무슨 일을 하나요?

편 압화아티스트는 압화를 활용해서 작품 활동을 하는 직업인가요?

이 일반적으로 공예 작가, 공예 아티스트라고 하면 작품을 직접 제작해서 판매하지만, 제 일은 엄밀히 말하면 소비자들이 압화를 활용한 작품을 스스로 만들 수 있도록 아이디어와 시안을 제공하는 일이라고 할 수 있어요. 예를 들면 '압화 책갈피'를 직접 제작해서 완제품으로 판매하는 것이 아니라 '압화 책갈피'를 만든 후에 사진을 찍어서 SNS에 업로드를 해요. 이 작품을 본 소비자들이 "나도 이 책갈피 갖고 싶다.", "나도 만들어보고 싶다."라는 욕구를 불러일으키도록 처음 기획부터 구성, 디자인, 사진 촬영, 작품에 사용된 꽃의 종류와 정보 등을 제공해요. 그럼 소비자들이 그 구성대로 포장된 압화팩을 구매해서 직접 만드는 거죠.

📖 DIY 방식이네요. 재료만 사서 만드는 게 귀찮은 일이라고 생각하지만, 사실 직접 만든 제품에 마음과 애정이 가는 법이 거든요.

압화를 활용할 수 있는 다양한 분야를 찾아내어 압화를 다양하게 구성하고 디자인하는 일을 해요.

🅞 압화가 예쁜 건 알겠는데 이걸 어디다 쓸 수 있는지 사람들이 궁금해하거든요. 압화를 활용할 수 있는 곳은 무궁무진해요. 액자, 엽서, 액세서리는 물론이고 제가 일반인 대상 최초로 선보인 '압화 네일 세트'라든지 메이크업, 보디 프로필 등 다른 분야와의 융합도 가능하고요. 특히 요즘 많이들 하는 캔들 공예나 레진아트, 캘리그래피와도 훌륭한 조합이 되죠. 결국 압화아티스트란, 다른 분야와의 컬래버레이션을 통해 새로운 가치를 창출하는 일이라고 할 수 있겠네요.

압화와의 첫 만남이 궁금해요.

편 압화를 어떻게 알게 된 거예요?

이 〈해를 품은 달(이하, 해품달)〉이라는 드라마를 봤는데 연 우가 훤한테 미안하다는 연서를 쓰는 장면이 있었어요. 한지 에다 물을 들이고 꽃을 눌러서 붙였는데 너무 예쁜 거예요. 그 런 편지지는 처음 봤는데 보자마자 '이거다!' 외쳤어요. 그런데 그때 저는 '압화'라는 단어도, 개념도 전혀 몰랐잖아요. 인터넷 검색을 아무리 해봐도 정보를 찾을 수가 없는 거예요. 조화, 눌 러서 말린 꽃, 그냥 꽃, 납작한 꽃 다양한 키워드를 조합해서 검색하다가 드디어 발견했죠. 내가 찾던 꽃을 '압화'라고 부른 다는 것을 알게 됐어요. 압화 편지지를 만들어야겠다는 열망 이 마구 끓어오르더라고요.

이은진 대표의 인생을 바꿔준 〈해품달〉 연서

해품달 연서 초창기 페이지

요즘 누가 편지를 써?

🔵 〈해품달〉은 많은 사람들이 본 인기 드라마인데, 연우의 서신이 대표님 눈에만 보인 이유가 뭘까요?

🔵 저 편지를 내가 받으면 너무 행복할 것 같았어요. 정성이 들어갔고 무엇보다 꽃을 싫어하는 사람은 없으니까요. 본능적으로 '이거다!' 싶었어요. 주변 사람들한테 이걸 상품화해서 팔아야겠다고 말했는데 다들 뭐라고 한 줄 아세요? "요즘 누가 편지를 써? 다 문자나 메신저로 보내지." 그런데 저는 확신이 있었어요! 제가 어릴 때부터 편지 쓰는 걸 좋아했고, 지금도 손 편지를 쓰거든요. 손 편지만이 줄 수 있는 감성과 감동이 분명 있잖아요. 그렇게 모두가 반대하는 속에서 압화 편지지를 개발하고 출시한 거예요. 압화 편지지가 크게 성공하면서 주력 사업으로 빠르게 성장하게 됐죠.

주변의 반대에도 불구하고 압화 편지지를
출시한 데는 어떠한 확신이 있었나요?

⊕ 부정적이고 회의적인 의견을 들으면 '정말 그런가?' 의구심이 들 법도 한데 강행하신 이유가 궁금해요.

⊕ 편지를 쓰는 건 사실 내가 행복해지는 일이에요. 받는 기쁨보다 주는 기쁨이 더 크다고 하잖아요. 편지를 쓰기 위해서는 우선 상대방을 떠올려야 해요. 그러면 이 사람에 대한 내 마음을 들여다보게 되거든요. '아, 내가 이런 마음을 가지고 있구나.', '이 사람은 내게 이러한 존재구나.'를 깨닫게 되면서 오히려 내가 행복해져요. 마음을 표현하기 위해 상대를 떠올리고 글을 쓸 때 느끼는 두근거리는 그 순간이 나를 행복하게 만든다고 생각해요. 주변 사람들의 반대에도 불구하고 압화 편지지를 출시했던 이유는, 이러한 성격을 지닌 편지를 제가 정말 좋아하거든요. 그냥 무조건 될 거 같았어요. 편지를 쓰는 사

람이 많이 줄었다고는 하지만, 압화를 활용해서 기획과 구성을 잘하면 많은 사람들이 좋아할 거라고 생각했어요.

📮 평소 내가 좋아하는 '편지 쓰기'라는 자신만의 렌즈 덕분에 기회가 눈에 보였던 거네요.

원래 꽃이나 식물에 관심이 많으셨어요?

꽃이나 식물에 원래 관심이 있으셨어요?

아니요. 사실 전 꽃을 잘 죽이는 편이에요. 지금은 많이 나아졌는데 예전에는 정말 많은 화분을 죽이곤 했죠. 그만큼 관심이 없었어요. 저는 사람이랑 편지에 더 관심이 있었던 것 같아요. 그게 꽃이랑 어우러져서 다행히 잘 맞았던 거지 그쪽에는 원래 관심이 없었어요.

진짜 아티스트가 되신 거네요. 압화 기술부터 디자인까지 모두 할 줄 아는 명실상부 전문가 느낌이 납니다. 함께 일하는 직원들도 꽃이나 식물에 대해서 관심과 지식이 있어야겠군요.

많이 달라졌죠. 예전에는 꽃 이름 하나도 모르던 직원들이 계속해서 꽃을 접하고 꽃시장도 같이 가면서 현장을 통해 많이 배웠어요.

편 하루 몇 시간 정도 일을 하시는 거예요?

이 예전에는 열일곱 시간 정도 일했던 것 같아요. 와... 저 정말 열심히 살았네요.^^ 그런데 지금은 근무시간인 여덟 시간 정도만 일하려고 노력해요. 주말 출근도 가끔 하는데, 유튜브 편집이나 미팅이 있을 때만 출근하려고 하고요.

사람들이 좋아하는 꽃 종류는 무엇이고,
그 꽃들이 피는 시기는 어떻게 될까요?

사람들이 좋아하는 꽃 종류는 무엇이고, 그 꽃들이 피는 시기는 어떻게 될까요?

가장 많은 찾는 꽃은 수국이에요. 수국은 국내에선 6~7월 사이에 피는데요, 수국의 컬러는 흙의 성분과 환경에 따라 달라져요. 바로 수국에 포함된 안토시아닌이라는 성분 때문이죠. 흙의 성분이 산성일 경우 푸른색의 수국이 피고, 염기성(알칼리성)인 경우에는 붉은색의 꽃이 핀답니다. 신기하죠? 마가렛이라는 꽃도 인기가 좋아요. 마가렛은 봄에도 피고 가을에도 피는데요, 같은 종이지만 어느 계절에 피는지, 꽃의 길이나 모양이 어떻게 다른지에 따라 부르는 이름이 달라져요. 봄에 피는 건 샤스타데이지, 마가렛이라고 하고, 가을에 피는 건 구절초라고 해요. 가을 하면 떠오르는 꽃 있으신가요? 가을의 대표

꽃은 해바라기와 코스모스를 들 수 있는데, 둘 다 9월부터 한창 피기 시작해서 10월에 절정을 이루는 꽃이에요. 이 시기에 압화 하면 가격도 저렴하고 가장 예쁜 꽃을 만날 수 있기 때문에 압화 모양도 예쁘게 나오죠.

누끼 디자이너에서
10억 매출 CEO로

이전에는 무슨 일을 하셨나요?

🔲 원래 무슨 일을 하셨어요?

🟡 회사들의 쇼핑몰을 만들어주는 쇼핑몰의 웹디자이너였어요. 그런데, 웹디자이너로서 감각이 너무 없었어요. 예를 들어 홈페이지 메인 페이지를 구성하는데 빨간 바탕에 검은색 폰트를 넣어야 해요. 그런데 빨간색, 검은색 안에도 다양한 컬러가 있잖아요. 검은색의 경우 농도도 다를 거고요. 컬러를 어떻게 쓰느냐에 따라서 느낌이 달라지는데 이런 감각이 떨어지는 거죠. 당시 제 사수가 잘 만들어진 다른 사이트를 보고 똑같이 만들어보라고 해도 안 되더라고요. 웹디자이너를 3년 넘게 했는데 회사에 미안해서 그만뒀어요. 노력은 했지만 실력이 늘지 않으니까 출근하는 게 미안할 정도였어요.

📖 그래서 퇴사를 하신 거예요?

🙂 네. 이후 우리나라 최초 온라인으로 명품을 팔던 온라인 쇼핑몰에서 아르바이트를 했어요. 상품의 외곽선대로 오리는 일을 업계 용어로 '누끼 딴다'라고 하는데 포토샵으로 하는 단순 업무였죠. 남들보다 손이 빨라서 일반 직원들보다 급여를 더 받았어요. 아르바이트생이 정직원보다 급여를 더 받으면 어떡하냐는 말이 나올 정도였으니까요. 그러다 보니 제 수당을 조절하더라고요. 예를 들면, 한 건당 천 원씩 받던 수당이 작업량이 많아지니까 건당 500원으로 깎이는 거예요.

📖 쇼핑몰 창업은 어떻게 하시게 된 거예요?

🙂 그때 제 나이가 30대 중반이었으니 그 일 말고는 다른 걸 시작하기엔 너무 늦었다고 생각했고, 할 수 있는 일이 없다고 생각했어요. 그런데 당시 그 쇼핑몰 매출이 어마어마했고, 그때가 막 '4억 소녀'라면서 쇼핑몰이 붐을 일으키기 시작하던 때였어요. 언론에선 매일 쇼핑몰에 대한 기사가 쏟아져 나오곤 했었죠. 나도 내 쇼핑몰을 차려야겠다고 생각했어요.

퇴사 후 창업한 의류 쇼핑몰은 잘 됐나요?

🔵 의류 쇼핑몰 창업을 하신 거네요? 어떤 쇼핑몰을 시작하셨나요?

🔵 아동복이었어요. 조카들이 모델처럼 예뻤거든요. '조카들이 예쁘니까 잘 되겠지' 낙관적으로 생각했던 것 같아요. 제가 DSLR 동호회 활동을 해서 전문가용 카메라 다루는 데에는 문제가 없었고 상품 페이지도 내가 만들면 된다고 생각했어요. 낮에는 오빠네 회사에서 일을 하고 밤에는 남대문시장에 가서 상품 사입을 했어요. 그리고 주말에 몰아서 사진을 찍고 쇼핑몰에 업로드를 했죠. 그런데 쇼핑몰을 하기 전에 시장 조사 하나 하지 않았어요. 이 제품을 누구에게, 얼마에 팔아야겠다 이런 생각 없이 그냥 바로 시작했어요. 아동복은 사이즈가 3, 5, 7, 9, 11, 13 이렇게 여러 가지가 있어요. 옷을 판매할 때 모든

사이즈를 알아야 대처가 가능하니까 한 종류의 옷을 사더라도 사이즈별로 여섯 벌씩 사야 했어요. 컬러별로도 구비를 해야 하니 유지비가 너무 많이 들었죠. 그런 상태에서 장사를 하다 보니 수지타산이 안 맞았어요. 재고는 점점 쌓이고 결국 1년 만에 아동복 쇼핑몰을 정리했어요. 그러고 창업한 게 여성 쇼핑몰이에요.

🏢 또 같은 업종으로 도전한 이유가 뭐예요?

🗨 그때 제 나이가 서른여섯 살이었어요. 재취업은 힘든 나이고 웹디자이너는 당연히 생각도 안 하고 있었고 엉뚱한 다른 일을 할 수가 없었어요. 여성복으로 다시 시작할 때 이렇게 생각했어요. 대한민국엔 내 키에 내 체형에 나 같은 스타일을 좋아하는 사람이 많지 않을까? 너무 쉽게 생각했던 거죠. 사실 저는 옷을 잘 입지 못했어요. 그래서 옷 잘 입는 동생에게 물어보니 "언니, 체크무늬랑 스트라이프는 매년 인기가 있으니까 그것부터 올려봐~"라고 하더라고요. '체크+스트라이프=체크스토리' 그렇게 〈체크스토리〉라는 이름이 탄생하게 되었어요. 그런데 여성복은 혼자 할 수 있는 일이 아니더라고요. 패션이라는 게 엄청 빠르잖아요. 트렌드 공부는 기본이고, 사입하고, 사진 찍고, 포토샵하고, 업로드하고, 포장하고, 주문받

아동복 쇼핑몰

고, 배송하고, 답변하는 일을 혼자 다 해내야 해요. 예를 들어 열 벌을 사입하면, 제가 모델도 하고 편집도 하니까 일주일에 소화할 수 있는 물량이 서너 벌이예요. 하루 서너 시간 자면서 상품을 올려도 시장에서는 품절인 경우가 많았어요. 막막하고 버거웠죠.

어려운 고비를 어떻게 넘기셨나요?

현재 〈체크스토리〉의 전신이었군요. 힘든 시간을 어떻게 넘기신 거예요?

그만두고 싶었어요. 늘 그런 생각을 했었죠. 그러던 어느 날 문득 이런 생각이 드는 거예요. '하루 벌어 하루 버티는 이런 생활을 언제까지 할 수 있을까?' 그러면서 나에게 자문했죠. '내가 과연, 진짜 열심히 했을까? 나 이렇게까지 했는데 안 됐어!라고 사람들에게 말할 수 있을까?' 그런데요, 제가 열심히는 했는데 잘하지는 않았더라고요. 그래서 결심한 거예요. '6개월만 미친 듯이 해보자! 그래도 안 되면 미련 없이 깔끔하게 정리하는 거야.' 새로운 전략으로 TV 드라마를 다 보기 시작했어요. 드라마에 나오는 주인공의 의상은 늘 인기가 많잖아요. 그런 스타일로 코디를 하면 잘 팔릴 거라는 확신이 생겼어요. 드라마에 나오는 의상들과 비슷한 제품을 찾아서 예쁘게 코디해서 판매하기 시작했죠. 그러니 매출이 조금씩 늘기 시작하더라고요. 하지만 드라마가 방영된 후에 제품 사진을 찍고 올리면 뒷북을 치는 느낌인 거예요. 이걸 어떻게 하면 좋을까 고민하다가 드라마 보조 출연을 생각하게 되었어요. 드라마 촬영장에 가면 누구보다 먼저 주인공 옷을 볼 수 있으니까요. 그런데 보조 출연자는 주인공을 만날 수 없더라고요. 고생만 하다가 왔죠.^^ 그러다가 〈해품달〉을 보게 되었고 극 중에서 연우가 훤한테 보낸 서신을 운명처럼 만나게 됩니다.

초반의 〈체크스토리〉는 여성복과
압화 편지지가 함께 있는 쇼핑몰이었군요.

🖊 고생했다고 신이 준 선물 같아요. 그럼 초반에는 옷도 올라가 있고 편지지도 같이 올라가 있던 거예요?

🙂 네. 맞아요. 카테고리만 나눠서 올렸죠.

🖊 옷을 사러 들어온 고객들이 그 편지지를 구매하는 경우도 있었나요?

🙂 초반에는 세 개, 네 개 이렇게 팔렸어요.

🖊 그래도 팔리긴 팔렸네요?

🙂 신기하죠? 세 개, 네 개 이렇게 팔렸는데 너무 신기하더라고요. 이걸 사네? 진짜 신기했어요. 편지지가 팔리기 시작하면서 제가 가장 신경 썼던 건 구매 고객의 피드백이었어요. 예를

들어서 "편지지가 생각보다 너무 작아요.", "꽃이 너무 예뻐요.", "가격이 조금 비싼 것 같아요." 이런 것들을 꼼꼼하게 챙겨봤어요. 하나하나 체크하면서 사이즈를 조금 키워보기도 하고, "꽃이 좀 적은 것 같아요" 이러면 꽃을 좀 더 넣어주고요. 이런 식으로 고객들의 피드백에 맞춰서 계속 수정 보완했어요.

〈체크스토리〉 브랜드를 지금까지
쓰는 이유가 뭔가요?

🔵 여성 쇼핑몰에서 중간에 업종이 바뀌었어요. 압화를 하면서도 지금까지 이 브랜드명을 쓰는 이유가 있나요?

🟠 압화 편지지가 갑자기 터진 거예요. 예비 신부들이 모인 대형 결혼 커뮤니티에 제가 개발한 압화 편지지 후기가 올라온 거죠. 압화 편지지에 편지를 써서 시어머니에게 드렸는데 시어머니가 눈물을 흘리시고 남편이 고맙다고 가방을 사줬다는 글이었어요. 그러니까 댓글들이 주르륵 달린 거예요. 정보 좀 알려주세요, 저도 정보 알려주세요. 그런데 정말 신기한 게 그 후에 또 비슷한 내용으로 후기가 달린 거예요. 정말로 시어머님이 펑펑 우시고 남편이 너무 고맙다며 가방을 사주더라. 그런 글이 쌓이면서 〈체크스토리〉가 바이럴로 많이 퍼졌고, 〈체크스토리〉가 이미 너무 유명해져서 이 이름을 버릴 수가 없었어요.

검색 키워드를 바꿨을 뿐인데
매출이 터졌다고요.

편 압화 편지지 판매율이 서서히 올라간 게 아니라 갑자기 확 뛰었던 거네요.

이 그때가 2012년, 2013년이었는데, 초반에 크게 팔리는 건 없었어요. 그래서 아는 동생에게 조언을 구했죠. "압화 편지지 출시했는데 어때? 예쁜 것 같아? 어떤 것 같아? 고칠 거 있어?" 그랬더니 동생이 너무 예쁘다는 거예요. 그런데 요즘 사람들이 편지를 안 쓰니까 결혼을 준비하는 예비신부로 타깃을 잡으면 어떻겠냐고 의견을 주더라고요. "글쎄, 결혼?" 반문했죠. "요즘은 현물 예단을 거의 안 하고 현금 예단만 준비하거든. 현금 예단만 드리기에는 조금 허전한데 꽃 편지지랑 같이 드리면 좋아하실 것 같아. 꽃 안 좋아하는 사람은 없잖아?"라고 동생이 조언을 해줬어요. 그 의견을 받아들여서 기존 검색

압화 편지지

키워드인 '압화 편지', 〈해품달〉 편지', '꽃 편지'를 '예단 편지',
'결혼 편지'로 바꿨죠. 그랬더니 예비 신부들이 모인 유명 커뮤
니티에 후기가 한두 개 올라오면서 하루에 서너 개 들어오던
주문량이 100개, 200개씩 확 뛰는 거예요, 갑자기. 말 그대로
완전 갑자기였어요.

준비할 새도 없이 시작된 상승곡선에
어떻게 대처하셨어요?

편 준비할 새도 없이 시작된 상승곡선에 어떻게 대처하셨어요?

이 그때 옷은 팔 겨를도 없고 편지지 포장하느라 가족이며 친구들을 불러 모았어요. 새벽 1시, 2시까지 편지지를 접고 압화 포장을 했죠. 새벽 늦게까지 라디오를 들으면서 포장을 하는데 하나도 힘들지 않았어요. 지금은 편지지용 한지를 자체 제작하지만, 그때는 직접 칼로 한지를 잘라서 만들었어요. 일일이 자를 대고 커팅을 하는 거죠. 그런데 한지 특유의 결이 있잖아요. 칼로 자르면 조금만 실수해도 이상하게 잘려요. 초반에는 한지 종류도 여러 번 교체했어요. 한지는 느낌이 중요하거든요. 한지 끝을 보면 깔끔하게 재단된 게 아니라 자연스럽게 피어 있잖아요. 저는 그게 너무 좋더라고요. 그런데 기성 한지는 전지 사이즈다 보니까 편지지 사이즈로 자르면 자연스럽게 핀 부분이 다 잘리는 거예요. 그런 부분들을 계속 수정해 나갔어요. 초반에는 편지지 사이즈가 A5였는데 너무 작다는 의견이 있어서 A3 사이즈가 되었어요. 그런데 고객들의 후기를 보니 시어머니에게 쓸 말이 그렇게 많지 않다면서 조금 작은 사이즈는 없냐는 문의가 들어오는 거예요. 그래서 A4 사이즈도 출시를 했죠. 현재까지 가장 많이 판매되는 사이즈는 A4 사이즈예요. 그렇게 고객들의 피드백을 바로바로 반영해서 수정해 나가는 과정의 연속이었어요.

수많은 테스트를 거쳐 완성된 〈체크스토리〉 콘텐츠

최고의 사업 파트너는
소비자 후기네요.

🔲 소비자 후기를 바로바로 적용하는 게 인상적이에요.

🔘 "예단 편지지 누가 대신 만들어서 팔았으면 좋겠어요.", "저는 오래 걸려요.", "저는 똥손이에요.", "저는 못 하겠어요."라는 의견도 많아요. "예쁜데 나는 못 할 듯" 이런 분들을 위해 저희가 직접 완제품을 만들어서 판매하기도 해요. 공임비를 추가로 받죠. 글씨를 못 쓰겠다는 고객들을 위해 글씨도 대신 써 드리고요.

🔲 예단 편지지를 보면 예문을 한지 밑에 깔고 비치는 글씨를 따라서 쓰게끔 구성하셨죠.

🔘 한지는 공책처럼 줄이 그어져 있는 게 아니니까 일렬로 쓰기가 힘들어요. 어떻게 하면 좋을지 고민을 했죠. 그런데 한지

가 얇으니까 밑이 비쳐요. 예문을 뽑아서 한지 밑에 깔고 그대로 글씨를 써보면서 테스트를 하니 가능한 거예요. 꽃 붙일 공간을 뺀 나머지 영역에 글을 써야 하는데 글씨 크기가 어느 정도여야 하는지도 수십 번 테스트를 했어요. 글씨 크기가 너무 작으면 어르신이 읽기 힘드니까요. 글밥도 적당히 들어가고 글씨도 잘 보이는 궁서체 16포인트? 이런 식으로 글씨 크기대로 테스트를 하는 거예요. 15포인트로 할까, 16포인트로 할까, 내내 고민하고 띄어쓰기와 맞춤법까지 점검했죠.

DIY 제품으로 판매하는
이유는 뭔가요?

🔲 보통은 압화 같은 공예 자료를 보면 제품을 만들어서 완제품으로 팔 생각을 하는데, 어떻게 DIY 제품으로 만들 생각을 하신 거예요?

🔵 저는 전통적인 압화 작가들처럼 공예에 뛰어나지 않아요. 제가 못하는 것과 잘하는 것을 감각적으로, 그리고 객관적으로 알고 있어요. 실제로 저희 압화 상품을 활용해서 저희보다 예쁜 소품을 만드는 솜씨 좋은 디자이너들이 훨씬 많으세요. 기획자의 눈으로 "압화를 이렇게도 활용할 수 있네요!" 하면서 계속해서 아이디어를 던져주는 게 저의 역할이라고 생각해요. 압화를 활용한 네일아트도 반응이 아주 좋았는데, 제가 압화 네일아트를 기획하고 개발했지만 제가 네일아티스트는 아니잖아요. 거기서부터는 전문가의 영역인 거죠.

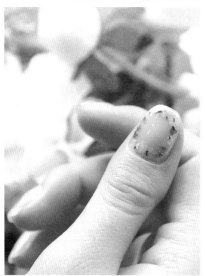

대중적으로 처음 선보인 압화 네일아트

🔵 압화 시장을 개척하고 확장하는 역할이 강하네요.

🔵 또 다른 측면으로는 제가 직접 제작해서 판매할 경우, 시간 대비 비용을 계산해 봤을 때 원가 책정이 안 되는 이유도 있어요. 〈체크스토리〉 대표 히트 상품이 '압화 편지지'인데 편지지 하나 만드는 데 서너 시간 걸리거든요. 그러면 하루 여덟 시간을 일해도 두 개밖에 못 만들잖아요. 저 혼자 하루에 만들 수 있는 양이 정해져 있는 거예요. 내 노력과 비용을 투자해서 제작하고 판매를 하더라도 명백히 한계가 있는 거죠. 그래서 누구나 보고 만들 수 있도록 튜토리얼(참조할 수 있는 자료)을 제공하자고 방향을 잡았어요. 소비자가 직접 만드는 재미도 있으니까요.

🔵 제가 2015년도에 '스트링아트(나무판, 못, 실로 만드는 공예)'를 해외 유튜브에서 우연히 보고 혼자 만들어봤는데, 너무 멋지고 반응이 좋았어요. 이걸 팔아야겠다 싶었죠. 그런데 하나 만드는 데 서너 시간 걸리거든요. '그럼 한 작품 당 얼마를, 어떻게 책정해야 하지? 하루에 두 작품 의뢰를 받으면 여섯 시간을 꼬박 앉아서 만들어야 되는 건데?' 결국 포기했어요. 그런데 대표님처럼 튜토리얼 무료 제공과 함께 DIY 제품으로 판매하겠다는 생각 자체가 전략인 것 같아요. 공예 분야에서 대

개 직접 만드는 사람 즉, 디자이너 관점에서 생각을 하지 재료를 유통한다는 생각은 하기 힘들거든요.

🔵 시간 대비 많이 팔릴 수도, 팔 수도 없는 부분을 해결하려고 했어요. DIY 제품으로 선택한 이유는 크게 두 가지예요. 첫째는 최소한의 노력으로 최대한의 성과를 창출할 수 있는 방법이기 때문이고, 둘째는 고객이 손으로 직접 만들어보면서 내가 느끼는 재미와 즐거움을 함께 느꼈으면 좋겠다는 마음이었죠.

🔵 소비자가 참여하는 방식에 확신이 있으셨던 거네요?

🔵 '예쁘니까 하겠지'라고 막연하게 생각했던 것 같아요. 제가 압화를 이리저리 놓아보면서 느끼는 행복감과 즐거움이 컸는데, 누구나 내가 느끼는 이 행복을 느낄 거라고 확신했어요.

압화를 구하기 위해 무작정
중국으로 건너갔다고요.

🔵 내가 찾던 꽃이 '압화'라는 것을 알고서 무작정 중국으로 건너갔다고 들었어요.

🟠 한국에서 구할 수 있는 압화 종류가 한정적이더라고요. 예를 들어 한국 압화 시장에는 장미, 안개 정도밖에 없고 〈해품달〉에서 봤던 꽃도 찾을 수 없었어요. 제가 원하는 꽃을 구하기 힘들던 차에 중국에는 없는 게 없다는 말을 듣고 중국에 가보자 싶었어요. 중국의 어느 지역, 어느 시장으로 가면 되는지도 모르고, 심지어 내가 찾는 압화가 있는지 없는지조차 모른채 그냥 갔어요. 다행히 같이 동업하던 친구 동생이 중국어를 할 줄 알아서 친하지도 않았는데 데리고 갔죠.

우리나라로 치면 동대문 시장 같은 곳에 가신 거네요. 그래서 압화를 찾으셨나요?

🔘 딱 한 군데 있었어요. 2박 3일을 돌았는데 거의 마지막에 압화 상점을 발견했어요. 같은 길을 몇 번을 돌았는데도 안 보이던 가게가 큰 가게와 가게 사이에 숨어 있는 걸 기적처럼 마지막 날 발견한 거예요. 내가 찾던 압화들이 쌓여 있는 걸 보고 희열을 느꼈죠. 막연하게 있을 거라고만 생각하던 가게가 실제로 존재하고, 내 눈으로 보니 정말 신기했어요.

첫 거래를 천운이었다고 표현하셨죠.

(편) 그 가게가 첫 거래처가 됐던 거네요.

(이) 네. 천운이었던 게 그 가게는 농장까지 운영하는 곳이었어요. 제가 발견한 곳이 아버지가 운영하는 소매점이었는데, 아들이 농장을 운영하고 있었던 거예요. 지금 그곳을 다시 가봐도 그 시장에 작은 소매점이 몇 군데 있는데 공장까지 운영하는 업체는 여기가 유일한 것 같아요. 천운이죠. 함께 간 동생 친구가 통역을 해줬어요. 이 상품들의 단가는 어떻게 되는지, 어떻게 구매하고, 어떻게 받을 수 있는지에 대한 것들을 다 물어봤죠. 저도 중국 제품은 써보지 않아서 퀄리티가 어떤지 몰랐기 때문에 샘플만 종류별로 바리바리 싸서 한국으로 돌아왔어요.

편 해외 거래를 하면서 불안하지는 않았나요?

이 문제가 생길 거라고는 생각하지 않았던 것 같아요. 그리고 만약에 문제가 생겨도 다시 이곳으로 오면 되지 않을까 생각했어요. 제가 직접 보지 않고 인터넷으로 거래했다면 두려움이 있겠지만 가게가 어디 있는 줄 알고 있잖아요. 그 자리에서 오랫동안 장사했다고 했고 찾아가면 그 자리에 있을 테니까 그 부분에 대한 의심은 없었어요. 직접 가보는 게 그래서 중요한 거 같아요.

국내 압화 시장은 어때요?

편 국내 압화 시장은 어때요?

이 꽃을 누르고 말리는 압화 작업도 결국 사람이 하는 일이거든요. 혹시 압화 작업 시간이 얼마나 걸리는지 아세요?

편 2~3일 정도?

이 최대 일주일 정도 걸려요. 생각보다 시간이 많이 소요되거든요. 그래서 우리나라는 인건비 감당이 안 돼요. 국내 압화가 수입 압화보다 거의 다섯 배 이상 비싸요. 국내에서 압화를 제작하는 건 아직은 조금 힘들어요. 해외에도 없는 꽃이나 식물은 저희가 직접 압화를 하기도 하지만 수입을 주로 하죠.

편 지금도 대표님이 직접 해외로 다니시는 거예요?

아 지금은 코로나 때문에 못 나가지만 1년에 한두 번은 꼭 가요. 꽃이 계속 바뀌기도 하고 새로운 거래처도 발굴해야 하고요. 직접 가서 제 눈으로 확인하는 편이에요.

압화를 수입하는 기준은 뭐예요?

🟦 상품을 수입하는 기준은 뭐예요?

🟥 압화니까 무조건 예뻐야 해요. 가격도 맞아야 하고요. 지속성이 있는지도 봐야 해요. 예를 들어 저희가 상품 구성을 하고, 압화팩 사진을 찍고, 포토샵으로 편집을 하고, SNS와 홈페이지에 업로드해서 홍보하는 기간이 짧게는 1주일에서 2주 정도 소요돼요. 이러한 과정을 거쳐서 상품을 올렸는데 시장에서는 이미 품절이 됐다? 그러면 2주간의 고생이 그냥 다 날아가는 거잖아요. 그래서 꾸준히, 안정적으로 수급이 되는지도 중요해요.

사입한 압화를 그대로
파는 게 아니더라고요.

🟤 말씀을 들어보니 사입한 상품을 그대로 판매하는 게 아니라 꽃을 재구성해서 〈체크스토리〉만의 상품팩으로 만드는 거죠?

🟤 맞아요. 저희 상품을 보면 다양한 꽃 종류와 사이즈로 구성이 되어있어요. 저희 직원들과 함께 머리를 맞대고 어울리는 꽃들로 새로 구성을 하죠. 이렇게도 놓아보고 저렇게도 놓아보면서 꽃의 종류와 색이 어울리는 조합을 끊임없이 연구하고 개발해요.

🟤 아, 그러니까 A, B, C, D... Z라는 다양한 압화들을 "헤쳐 모아!" 해서 A라는 새로운 상품으로 창조하는 거네요.

🟤 네. 그렇게 창의적으로 창조한 저희 압화팩을 보고 비슷한

수작업으로 진행되는 압화팩 구성

구성으로 따라 하는 업체들이 있어서 속상한 부분이 있기도
해요.

〈체크스토리〉가 직접 구성하는 압화팩

펜을 사러 일본까지 가셨다고요.

📮 한지다 보니까 글씨를 쓰면 펜 잉크가 번지잖아요. 펜 테스트 같은 것도 많이 하셨을 것 같아요.

💬 펜 테스트! 펜을 구하기 위해서 일본까지 갔어요. 펜으로 쓰다 보니 쓰다가 틀리면 다시 써야 해요. 거의 다 썼는데 악, 틀렸어! 그러면 처음부터 쓰는 거예요. 그 부분을 고민하게 된 거죠. 볼펜 천국 일본에는 지워지는 펜이 있더라고요. 일본까지 가서 샘플을 스무 개 정도 사 왔어요. 그런데 저희가 사용하는 건 한지잖아요. 일반 종이면 연필처럼 지워지는데 한지는 번지기도 하고 쓰고 지우면 찢어지더라고요. 결국 일본에서 사 온 볼펜은 쓰지도 못하고 한국에서 수십, 수백 자루를 테스트해서 지금의 펜을 선택하게 되었죠.

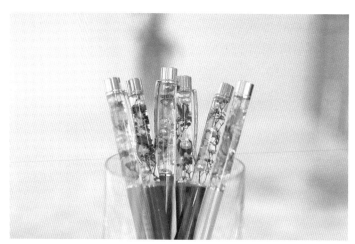
하바리움 볼펜

 그 펜은 단종되면 안 되겠네요.

 그럼 또 다른 거 열심히 찾아야죠.

예단 편지지 예문도
시대에 따라 달라지죠?

🔵 예문도 계속해서 수정했겠어요.

🔵 참 재미있는 게 초기에는 "시어머니한테 잘하고 양가 부모님께 잘하겠습니다. 부족한 저를 받아주셔서 감사합니다." 이런 내용으로 예문 샘플을 제공했어요. 고객들이 샘플 예문을 참고해서 쓰는 경우가 많거든요. 그런데 후기 글 중에 "아니, 나도 예쁘게 큰 귀한 딸인데 왜 이런 문구를 써야 하냐"라는 내용이 있었어요. 곧바로 저희 직원들 대상으로 예문 콘테스트를 열었죠. 시대 흐름에 맞게 예문도 신식으로 중간에 한 번 바꿨어요. "저희 부모님이 귀하게 준비하신 예단이다. 자주 찾아뵙지 못하더라도 양해해달라. 저희 잘 살겠다." 이렇게 젊은 세대 정서에 맞게 현대화시켰죠.

직원 응모 예단 편지지 예문

예단 편지지로 대박 날 거라고
예상하셨나요?

편 예단 편지지로 대박이 터질 거라고 예상도 못하셨을 텐데요.

이 이 정도까지 될 줄은 정말 몰랐죠. 동생이 준 키워드 하나로 180도 전환이 된 거잖아요? 그 동생은 저한테 그러더라고요. "언니, 내가 이렇게 조언한 사람 되게 많은데 언니는 바로 실행하잖아. 그게 언니의 복이고 언니의 최대 장점이야." 그 동생이 없었다면 지금의 저도 없었겠죠.

새로운 작품 개발은 어떻게 하나요?

🖊 초기부터 지금까지도 계속해서 압화를 활용한 작품을 고민하고 디자인해서 소비자에게 보여주고 계신 거네요.

🎨 네. 제가 메인이 돼서 주도하고 〈체크스토리〉 내 실장이 서브하는 식으로 일하고 있어요. 자료를 엄청 많이 찾아봐요. 해외 유튜브, 인스타그램 같은 SNS를 찾아보면서 지금 시장이 어떻게 변화하고 있는지, 소비자들은 어떤 것에 관심이 있는지, 사람들은 무얼 하며 사는지 늘 그게 가장 중요한 거 같아요. 〈체크스토리〉가 지금까지 성장할 수 있었던 것은 저의 색깔을 가지고 왔기 때문이라고 생각해요. 시간이 흐를수록 젊은 감각이 필요할 때가 오겠지만 아직은 제가 원하는 방향이나 원하는 스타일로 가고 있어서 다행이라고 생각해요.

다양한 분들과의 컬래버레이션을 통해서
압화 영역을 넓혀가는 점이 인상 깊어요.

🔵 인스타그래머와 협업을 자주 하더라고요. 독특한 점은 수십만 명의 팔로워를 가진 인플루언서가 아니라 〈체크스토리〉 압화를 잘 활용할 수 있는 분들과 컬래버레이션을 한다는 점인데요. 그들하고 협업했을 때 좋은 점이 뭐예요?

🔵 대형 인플루언서의 경우 현실적으로 마케팅 비용도 많이 들지만 무엇보다 저희 제품에 애정을 가지고 충분히 설명하기는 어렵겠다는 생각을 했어요. 반면, 팔로워 수는 적지만 압화를 활용해서 창의적인 작품을 만들 수 있는 재능 많은 분들이 많아요. 능력은 있지만 아직 발굴되지 않은 분들을 주로 찾으려고 해요. 그들이 지닌 재능과 열정이 저희 제품과 만나면 시너지가 나는 거죠. 감사하게도 지금까지 너무 좋은 분들을 만나서 즐겁게 작업하고 결과물도 훌륭하게 나왔어요.

협업 사례: 보디 프로필

제가 운동을 하면서 알게 된 'instagram.com/myoii__(묘이)'는 운동을 하면서 보디 프로필을 예쁘게 찍는 분이에요. 압화와 잘 어울릴 것 같아 제안을 했는데, 흔쾌히 응해주셔서 이렇게 아름다운 사진이 나올 수 있었어요! 이 사례 역시 저희가 압화를 제공하고, 저희는 압화가 활용된 보디 프로필 사진을 받았어요. 서로 줄 수 있는 것을 주고받는 협업 방식이에요.

압화 메이크업

협업 사례: 꽃 안대

예전에 블랙핑크 뮤직비디오에 나왔던 꽃 안대가 있어요. 저희가 SNS
에 꽃 안대를 만들겠다고 올렸는데 'instagram.com/nasl.snap(나슬스
냅)'에게 연락이 왔어요. 한복을 소재로 스냅 사진을 찍는데, 한복 사진
은 물론 디즈니 공주와 한복의 콜라보로 아름다운 사진을 찍는 분이었
어요. 안대를 보고 나슬님이 너무 해보고 싶었던 작업이라는 거예요. 그
래서 제가 꽃 안대를 선물로 주고, 그분은 사진을 찍어서 저희에게 보내
줬어요. 이것 역시 제품을 지원하고 퀄리티 좋은 사진을 제공받는 형태
의 협업이었어요.

협업 사례: 압화 메이크업

instagram.com/two_a_zero
이한영 님

협업 사례: 압화 메이크업

협업 사례: 크리스마스 엽서

굳세나 님

협업 사례: 라온 가득한 하루

오프라인 대형 문구점에는
어떻게 입점하신 거예요?

🖊 현재는 오픈마켓에 전부 입점했죠?

🌼 G마켓, 옥션, 11번가, 인터파크, 쿠팡, 1300K, 10X10, 후추통 등 웬만한 사이트에는 입점을 다 했죠.

🖊 오프라인 대형 문구점에도 입점했다고 알고 있어요. 직접 제안하신 건가요?

🌼 대형 문구점의 경우는 사업을 시작한 지 1년 정도 지났을 때 교보문고 핫트랙스에서 먼저 연락이 왔어요. "거기 꽃 편지지 판매하는데 맞죠?"라고 고객들 문의가 많이 왔대요. 그렇게 교보문고 핫트랙스에 입점하고 나니 자연스레 알파문고, 지방의 유명한 서점이나 문구점들, 제주도에도 들어가고, 감사하게도 입점을 계속해 나가고 있죠.

자사 몰과 오픈마켓 중 매출은
어디가 더 높아요?

📩 자사 몰과 각종 오픈마켓 특성이 궁금해요.

🧑 자사몰인 〈체크스토리〉 같은 경우는 저희 제품이나 이름을 이미 알고 들어오는 분들이기 때문에 예단 편지지 고객이 많아요. 네이버 스마트스토어는 '압화 꽃 모음'이 주력 상품이에요. G마켓이나 옥션은 DIY 제품이 주로 나가고요. 인스타그램이나 유튜브를 통해서 들어오는 분들은 공예나 강의하는 분들이죠.

📩 자사 몰과 오픈마켓 중 판매율은 어디가 더 높아요?

🧑 분석해 보면 〈체크스토리〉 매출이 가장 높아요. 저희 브랜드를 알고 오는 분들이 많아서 확실히 유입이 더 많죠. 저희는 키워드 광고를 따로 하지 않는데 소비자 머릿속에 압화 하면

체크스토리로 포지셔닝이 된 것 같아요.

🔵 〈체크스토리〉가 하나의 브랜드가 된 거네요. 재구매율은 어때요?

🟠 저희 주력 상품이 예단 편지지예요. 그런데 갈수록 혼인율도 떨어지고 있고 무엇보다 한 번 결혼하고 나면 재구매를 안 하잖아요? 대신 구매 경험이 있는 고객이 주변에 추천해 주는 경우가 많아요. 예단 편지지는 기존 고객 추천이나 소개 비율이 높아요. 압화 공예 인구가 늘어나면서 디자이너나 강사들의 재구매율도 늘고 있고요. 단골이 많아요.

🔵 지금은 주로 인스타그램 마케팅을 하고 있는데 쇼핑몰로 유입되는 비율은 어때요?

🟠 인스타그램을 통해서 들어오는 유입률은 15~20퍼센트 정도 돼요.

🔵 꽤 높네요?

🟠 아무래도 제품 성격이 인스타그램과 맞아요. 이미지에 적합한 제품이고 주 소비자층도 인스타그램을 통해서 판매하는 분들이다 보니까 타깃이 맞아요.

고객 관리는 어떻게 하시나요?

오픈마켓에서 우연히 접했다가 자사 몰로 넘어오는 경우도 많겠네요.

맞아요. 꽃이라는 게 어느 시기에는 색이 새빨갛고 어느 시기에는 좀 연하고, 같은 꽃이라도 색깔, 모양, 크기가 달라요. 그런데 압화 공예 작품을 만들어서 판매하는 입장에서는 웹상의 이미지와 실제 작품이 다르면 안 되잖아요. 꽃 모양이나 색깔이 조금만 변해도 완전 다른 작품이 되거든요. 그런 분들은 저희가 따로 관리해요. 원하는 꽃의 생김새가 가장 비슷한 것들로 골라서 제공하죠. 단골 고객 데이터를 통해 맞춤 선별 관리를 해요. 예를 들어 '이 고객은 꽃이 4cm 이하여야 하고, 색깔은 진한 붉은색이어야 한다.'라는 식으로요. 그리고 꽃이 사계절 내내 피는 게 아니잖아요. 어떤 꽃은 봄에만 피고,

어떤 꽃은 여름에만 피니까 해당 꽃이 언제 입고되는지 따로 알려주기도 해요. 단골 고객을 위해서 품절될 것 같은데 구매하겠냐고 먼저 물어보고 제품을 빼놓기도 하죠.

매출이 어떻게 돼요?

편 꽃 한 팩 가격은 어느 정도예요?

이 3천 원부터 비싼 거는 12,900원까지 있어요.

편 고객이 원하는 꽃만 고를 수도 있나요?

이 그런 시스템을 시도하고 있는데 생각보다 쉽지 않더라고
요. 계속 시도해 봐야죠.

편 매출이 얼마나 되나요?

이 연 매출 10억 정도 돼요.

편 천 원단위 꽃을 팔아서 10억 매출을 올린다니!

이 압화 공예는 원래부터 있었어요. 방과 후 수업이나 문화

센터에서 조용하게 이루어지고 있었죠. 그런데 대부분 나이가 있는 분들이다 보니 SNS를 하거나 사업으로 확장하기에 어려운 부분이 있었던 것 같아요. 그런 부분을 트렌드에 맞게 기획해서 자연스럽게 노출하는 일을 하고 있어요.

매출 10억, 상상하셨어요?

매출 10억까지 나올 거라고 예상하셨어요?

10억... 뭘까? 제가 초반에 동대문 시장에 사입하러 갔을 때 돈을 뽑으려고 ATM기에 갔어요. 그때 제 통장 잔고가 몇십만 원도 없던 때란 말이에요. 제 차례가 돼서 출금을 하려고 하는데 앞사람이 버리고 간 명세표가 눈에 띄더라고요. 그 명세표 잔고 금액이 2,300만 원 정도 됐어요. 나에게 이 정도 금액만 있으면 좋겠다고 생각하면서 명세표를 주워서 가지고 왔죠. 그 명세표에 기존 계좌번호를 지우고 제 계좌번호를 써서 책상에 붙여놨어요. 그런데 얼마 후, 제 통장 잔고가 2,300만 원이 된 거예요! 그리고 얼마 후 ATM기 위에 잔액 5천만 원짜리 명세표가 버려져 있었어요. 그 명세표를 또 가지고 와서 책상 앞에 붙여놨죠. 그때 5천만 원은 저에겐 너무 큰돈이었어요. 그렇게 남이 버린 명세표를 보면서 그만한 돈을 가지고 있는 제 모습을 상상하면서 이미지 트레이닝을 했어요. 그런데 정말로 제 통장 잔고가 어느 순간 그렇게 됐어요. 아, 이게 되는 거구나, 신기하다는 생각을 했죠. 지금 제가 100억짜리 수표 이미지를 뽑아서 붙여놨거든요. 이제 저 백억 부자 되겠죠?^^

요즘은 주로 어떤 사람들을 만나세요?

편 요즘은 주로 어떤 사람들을 만나세요?

이 퀀텀 점프라고 해야 하나? 개인적으로나 사업적으로나 한 번 더 성장할 수 있는 터닝포인트가 지금 온 것 같아요. 그래서 만나는 사람들이 한 번 바뀌었어요. 그전에는 저랑 비슷한 위치의 분들을 만났다면 지금은 저보다 사업을 월등히 잘하는 분들을 새롭게 만나고 있어요. 책을 쓰는 대표님, 저보다 사업 운영 능력이 뛰어난 분, 마케팅을 잘하는 분을 만나게 되더라고요. 개인 채널을 운영하는 유튜버들도 만나게 되고요.

편 앞으로 계속해서 성장할 수밖에 없는 흐름을 타신 것 같아요.

이 그렇게 되면 정말 좋겠어요.

사업 성공 비결이 뭐라고 생각하세요?

🖋 이 정도 위치까지 올라온 비결은 뭘까요?

🌸 압화를 볼 때 느끼는 예쁨을 표현하기 위해서 사진에 신경을 많이 써요. DSLR 카메라로 제품이 가지고 있는 매력을 최대한 담아내려고 하죠. 어떻게 하면 다양한 꽃을 조화롭게 구성하고, 실제 제품과 흡사한 퀄리티와 색감을 담아낼까. 어떻게 찍어야 사람들의 관심과 흥미를 끌고 구매하고 싶게 만들 수 있을까. 그리고 제품 사진을 올릴 때 꽃 크기가 어느 정도 되는지 알려주는 비교샷을 올려요. 제가 작업을 해보니까 꽃 사이즈가 중요하더라고요. 그런 디테일을 살려서 최대한 많은 정보를 주고자 노력해요. 동전 옆에 꽃을 두는 것처럼요. 그리고 실제 색감과 최대한 맞추기 위해 신경을 쓰죠.

🔲 모니터에 따라 컬러가 다르지 않나요?

🔳 그래서 모니터 두 대를 기본으로 쓰고 마지막은 무조건 휴대폰으로 확인해요. 세 가지 모니터로 모니터링하는 거죠. 그러면 크게 다르지 않아요.

압화아티스트로서의 강점은
뭐라고 생각하세요?

🔲 압화아티스트로서 대표님의 강점은 뭘까요?

🔲 저의 강점이라... 많이 보려고 하는 편이에요. 디자인 전공이 아닌 제가 디자인을 할 수 있는 이유는 인터넷 덕분인데요, 이것저것 많이 찾아보고 들여다봐요. 인스타그램이나 유튜브, 핀터레스트 같은 SNS를 많이 보면서 트렌드를 읽죠. 그리고 그 외의 흐름들은 책을 읽으면서 어떤 게 유행인지 빨리 캐치하려고 해요.

🔲 압화만 보시는 건 아니겠네요.

🔲 네. 압화만 보기보다는 시대적 흐름을 봐야 하는 것 같아요. 제가 평생 압화를 할 거라고 생각하지 않아요. 압화 안에 한정돼 있었다면, 압화 메이크업, 압화 네일 등 다른 분야와의

컬래버레이션을 전혀 생각하지 못했을 거예요.

🙂 조사를 하면서 아이디어를 많이 얻는군요.

🙂 그렇죠. 우연히 손톱에 꽃 모양을 그린 사진을 봤는데 이거 압화로 하면 되겠는데? 싶었어요. 그런데 손톱에 압화를 얹고 유지할 수 있는 방법을 모르잖아요. 단골 네일숍에 가서 혹시 압화를 얹어서 네일아트를 해줄 수 있냐고 물어봤어요. 그런데 네일아트 아이템 중에 작은 꽃을 팔기도 한다는 거예요. 이미 시장에 비슷한 상품이 존재한다는 것은 상품성을 인정받았다는 의미죠. 네일아트용 압화를 대중화시켜야겠다고 생각해서 전용 제품을 구성하고 유튜브와 인스타그램을 통해서 홍보를 시작했죠.

🙂 그럼 지금 판매가 되고 있는 거네요?

🙂 네. 네일용 압화는 봄에 인기가 많아요. 특히 저희가 판매하는 네일용 압화는 퀄리티가 높아서 잘 찢어지지 않고 색 번짐이 없어서 네일아티스트들에게 좋은 평가를 받고 있어요. 압화를 활용한 네일아트 콘테스트나 이벤트를 개최해서 다양한 네일아트 디자인을 수집하기도 하고요. 고객들 디자인을 모아서 네일아트 작업에 도움이 되도록 제품 상세 페이지에

샘플을 제공하고 있어요.

🔵 전문가의 역량을 활용하는 거네요.

🔵 전문가인 그분들이 저보다 네일아트 디자인이나 활용 방법에 대해 훨씬 잘 아니까, 그들의 도움을 받는 것도 한 방법이라고 생각해요.

압화 시장 경쟁은 어느 정도인가요?

🗨 압화 시장도 경쟁이 치열한 편인가요?

🗨 엄청 치열하다고 할 수는 없지만 초반에 비해 공기가 달라졌다는 것을 느껴요. 구매하는 사람은 한정적인데 판매하는 사람이 많아졌기 때문이에요. 수요가 엄청 많다, 큰 시장이다, 그러면 괜찮은데 시장이 작다 보니까 이 안에서 점차 치열해지고 있어요.

압화아티스트로서 이건 정말
잘했다 싶은 건 뭘까요?

편 압화아티스트로서 이거는 진짜 잘했다 생각하는 게 있나요?

이 압화 편지지를 세계 최초로 제가 만들지 않았겠습니까?

편 아, 세계 최초!

이 그렇죠. 세계 최초죠. 결혼한 친구들이 하는 말이 압화 편지를 쓰면서 자기 마음에 대해 스스로 돌아보게 된대요. 내가 이런 마음으로 결혼을 하는구나. 우리 어머님, 아버님에 대해 나는 이렇게 생각하고 있구나. 또 시부모님한테만 쓰지 않아요. 친정 부모님한테도 써요. 결혼생활 길목에서 스스로 마음을 들여다보는 기회를 제공한다는 생각이 들 때 이 일 참 잘 시작했다 싶어요. 그리고 압화 편지를 한 번 써본 친구들은 양가 부모님 생신 때나 중요한 행사 때 또 하더라고요. 본인도 기쁘고 상대방도 행복해한다는 것을 아니까요.

🔵 보통 편지를 받아도 서랍장 속으로 들어가는 경우가 많은데 압화 편지지는 액자로 해놔도 예쁘겠어요.

🔴 맞아요. 액자로 많이 해놓으세요. 그런 후기도 많아요. 나이런 편지 받았다고 시어머니가 동네방네 자랑을 하신다는 거예요. 그런 거 보면 뿌듯함을 느끼죠.

🔵 액자도 같이 팔아야겠는데요?

🔴 안 그래도 액자를 같이 팔아볼까 했는데요, 며느리들이 난감해하더라고요. 시댁에 가서 그 액자를 볼 때마다 반성하게 되는 거죠. 앗, 나 저 때는 저랬는데. "어머님, 그냥 편지 넣어두세요." 되는 거죠.^^

🔵 일본이나 대만이 압화 선진국인데도 이런 압화 편지지가 없나 봐요.

🔴 나라마다 결혼문화가 다르더라고요.

결혼 액자

자녀를 위한 기도 액자

편 동남아 쪽은 어때요?

이 한두 번, 영어 주문이 들어온 적이 있어요. 그쪽으로 발을 들여야겠는데요?

편 그러니까요. 이제 아시아로 나가야죠.

경쟁사가 튜토리얼을 도용하지는 않나요?

🔵 SNS에 튜토리얼을 제공한다는 건 그만큼 노출이 많이 되는 거잖아요. 후발 주자나 경쟁자에게 아이디어를 도용당할 위험도 있는 거고요.

🔵 사실 찾아보면 그런 튜토리얼은 어디에나 퍼져 있다고 생각해요. 해외 사이트를 찾아도 있고, 저보다 압화 디자인을 잘하는 분들이 훨씬 많아요. 압화 강사들이 인스타그램이나 블로그도 운영하고, 압화 교육 과정도 있고요. 압화를 주제로 활동하는 분들이 많아지면 좋은 거죠. 저희가 제공하는 튜토리얼을 통해서 일단 압화를 접해보고 경험할 수 있게 해주는 게 더 중요하다고 생각해요.

🔵 다양한 튜토리얼이 소비자의 구매 욕구를 일으키게 하는

중요한 요소인데 가장 성공한 튜토리얼이 뭐예요?

🙂 압화 책갈피요. 책 읽는 분들도 많고, 선물하기도 좋아요. 특히, 손쉽게 만들지만 누구나 예쁜 작품을 만들어내기 때문에 압화 책갈피를 가장 많이 좋아해 주셨던 것 같아요.

😀 반대로 생각보다 반응이 조용했던 튜토리얼도 있을 것 같아요.

🙂 유튜브 채널에서 장미를 다룬 적이 있어요. 장미는 모두가 아는 꽃이니까 대중성이 있다고 생각했는데 장미 콘텐츠를 잘못 풀어냈는지 생각보다 조회 수가 적게 나왔어요. 콘텐츠라는 게 그런 것 같아요. 이번 건 대박 터질 것 같다고 생각했는데 잠잠한 경우가 있고, 이거는 잘 모르겠다 싶은데 갑자기 대박 터질 때도 있고 그래요.

😀 원인 파악이 됐나요? 궁금해요.

🙂 제가 유튜브를 시작할 때는 단순하게 시작했어요. 초반에는 압화를 하는 것만 보여드렸죠. 지금 생각해 보면 흥미를 끌 수 있는 요소를 찾지 못했던 것 같아요. 스토리라인을 짰어야 했는데 저희는 만드는 과정만 보여줬어요. 유튜브는 스토리텔링이나 구성이 중요한 거 같아요. 지금 한 달째 업로드를 못

하고 있는데 무조건 올리는 게 중요한 게 아니라 흥미를 가지고 얼마나 오랫동안 보느냐가 중요하기 때문에 연구를 많이 하고 있어요.

편 튜토리얼을 위해서 대표님이야 많은 공부를 하실 테고 직원들도 많은 고민을 하겠어요.

이 회의를 많이 해요. 큰 카테고리를 정해 놓고 이러이러한 부분을 조사해 달라던지, 자료를 정리해서 가지고 와달라던지 등의 요구를 하죠. 한 점에서 가지를 뻗는 역할은 직원들이 하고 있어요. 제가 40대인데요, 20대, 30대 직원이 보는 시각이 다를 수밖에 없거든요. 그리고 저는 결혼을 안 해서 자녀가 없어요. 아이를 둔 엄마 직원들의 피드백은 많은 도움이 되죠. "아기한테 위험할 것 같아요. 이거는 애들이 하기에 너무 작아요. 너무 커요. 엄마들이 싫어해요." 이런 거 있잖아요.

경제적 자유를 이루셨나요?

🔲 경제적 자유를 이루셨나요?

🔲 사람마다 기준이 다르겠지만 제가 생각한 경제적 자유는 먹고 싶은 걸 가격표 보지 않고 먹을 수 있는 정도? 저 먹는 거에 진심입니다.

🔲 가격 보지 않고 주문할 정도면 성공하셨네요.

성공을 하니 무엇이 달라졌나요?

🔵 성공을 하니 무엇이 달라졌나요?

🔵 경제적 자유를 이룬 후 제가 가장 먼저 했던 일은 배우는 거였어요. 제가 돈을 쓰고 다니고 차를 사고 집을 사고 이런 거보다 그동안 배우고 싶었던 것, 사업에 부족한 부분들을 열심히 배우러 다녔어요. 꽃을 잘 알고 싶어서 플로리스트 자격증을 땄고, 예쁘게 포장하는 법을 배우기 위해 두성종이에서 주최하는 스쿨인더페이퍼 과정을 6개월간 수강하고 Packaging & Wrapping Coordinater 자격증을 취득했어요. 시들지 않는 꽃이 궁금해서 프리저브드 플라워 자격증도 취득했고요. 지금도 제가 부족하다고 느끼는 부분을 채우기 위해서 이것저것 많이 배우러 다녀요. 유튜브에도 좋은 영상이 많이 있지만 궁금한 부분을 긁어주기에는 한계가 있잖아요. 저

는 제가 알고 싶은 것이 생기면 그 분야의 전문가에게 직접 찾아가요. 예를 들어 레진아트가 궁금하면 인스타그램이나 유튜브에서 레진아트를 잘하는 분들에게 메시지를 보내요. 저는 무조건 먼저 손을 내밀어요. 대부분 친절하게 알려주시더라고요. 그런 만남을 많이 가지려고 하는 편이죠.

하루 일과가 궁금해요.

 대표님의 하루 일과는 어떻게 되나요?

 오전에는 운동과 명상을 해요. 오전 운동과 명상을 통해 그날 일정을 정리하고 체력을 보충하죠. 운동 후 10시쯤 사무실에 들어와 업무를 합니다. 일주일에 두세 번은 외부 미팅이 있네요. 특정 마켓 매출을 늘리기 위한 방법이 궁금하면 이와 관련한 대표들을 만나러 가기도 하고, 교육 프로그램에 참여하기도 해요. 그리고 오후에도 운동을 합니다.

 하루에 운동을 두 번 하세요?

 오전에는 간단하게 하고 오후에 본격적으로 운동을 해요. 제 취미가 헬스랑 골프인데 두 가지 운동을 병행해요. 예전에는 하루 열여덟 시간씩 일에만 몰두했어요. 그러다 보니 몸이

많이 망가졌죠. 평생 그렇게 살 수 없잖아요. 지금은 일하는 시
간을 일부러 줄이고 제가 좋아하는 운동에 집중하는 것으로
힐링하고 있어요.

압화아티스트가
되려면

어떤 성향이 압화아티스트에 맞을까요?

🔵 꽃을 안 좋아해도 압화아티스트로 활동할 수 있을까요?

🔵 꽃을 좋아하면 아무래도 플러스가 되겠죠. 하지만 꽃을 좋아하고 안 좋아하고는 큰 의미가 없다고 생각해요. 본인이 어디에 관심이 있는지가 더 중요해요. 예를 들어, 꽃에 관심이 없지만 만들기를 좋아한다거나, 꽃으로 꾸미는 걸 좋아한다면 압화아티스트로 충분히 가능성이 있어요. 가만히 앉은 자리에서 사부작사부작, 꼼지락꼼지락 잘하는 분들 있죠? 그런 분들이라면 너무 좋아할 만한 일이죠.

🔵 압화를 주재료로 생각하기보다 내가 관심 있거나 좋아하는 분야에 접목하려는 시각이 더 필요하겠네요. 그래야 제2의 압화 메이크업, 압화 네일이 탄생할 테니까요.

압화아티스트로서 이건 알아야 한다?

🌸 압화아티스트로서 알아야 하는 대표적인 것이 뭘까요?

🌼 압화를 할 수 있는 시기가 꽃마다 달라요. 꽃이 피는 시기에 꽃을 채취해서 압화를 해야 하니까요. 만약 내가 코스모스 압화가 열 팩이 필요한데 가을에 다섯 팩만 작업을 한 거예요. 그럼 꽃이 많이 피는 봄이 와도 코스모스 압화를 구할 수 없겠죠. 그 시기에 맞춰서 압화를 해놓거나 구해둬야 해요. 제가 꽃에 대해 공부한 이유가 이 지점인데요, 꽃이나 식물의 생월生月을 알기 위해서예요. 3월에 피는 꽃, 7월에 피는 꽃, 10월에 피는 꽃을 알아야 대비를 할 수 있으니까요. 지금 이 시기에 꽃시장에 나가면 어떤 종류의 꽃들이 있는지 훤히 꿰뚫고 있어야죠. 압화아티스트라면 알아야 하는 기본 상식이자 역량이라고 생각해요.

압화아티스트로서 역량을 쌓기 위해서
어떤 공부를 어떻게 하셨나요?

편 우연히 압화의 길로 들어서면서 대표님도 공부를 많이 하셨을 것 같아요. 어떠한 역량을 쌓으셨나요?

이 일단 꽃에 대한 책을 많이 샀어요. 야생화 관련 책도 많이 봤고요. 꽃이 언제 피는지, 독성이 있는 꽃이나 식물은 무엇인지, 색이 어떻게 변하는지 그런 것들에 대해 공부했죠. 플로리스트 자격증도 땄는데 꽃 관리를 어떻게 해야 하는지 알아야 압화를 보다 심도 있게 할 수 있겠더라고요. 또한 시장에서 구할 수 없는 꽃이나 식물을 활용하고 싶어서 압화 기술도 배운 거고요. 프리저브드 플라워 자격증도 따고 포장하는 것도 배웠어요. 그리고 처음 보는 꽃들은 무조건 사진을 찍어놓고 이름, 피는 시기, 야생화인지, 꽃시장에서 본 건지, 분화인지, 절화인지까지 모두 기록해 두었어요. 그렇게 쌓인 정보들이 나

중에 압화 할 때 크게 도움이 되었죠.

편 압화의 예쁜 모습을 오랫동안 잘 보관할 수 있는 방법이 있나요?

이 작품마다 너무 다른데요, 어떤 보관 용기를 쓰느냐에 따라 다르고, 꽃마다 달라서 변수가 아주 많아요. 어떤 꽃은 그냥 놔 뒤도 변하지 않고 오랫동안 색이 유지되기도 하고, 어떤 꽃은 한 달만 지나도 색이 빠질 수 있어요. 압화 하는 방법은 염색을 하는 방법, 물올림을 하는 방법, 자연 컬러 그대로 압화 하는 방법 등 다양하죠. 이런 건 기술적인 부분인데 압화아티스트로서 경쟁력을 가지기 위해서는 심도 있게 공부할 필요가 있어요.

압화아티스트로 활동하거나 활동을 원하는 분들이 보면 도움 될 책과 유튜브 채널을 소개해 주세요.

🖊 압화아티스트로 활동하거나 혹은 활동을 원하는 분들이 보면 좋을 책과 유튜브 채널을 소개해 주세요.

🌼 제가 압화아티스트로서 처음 구매했던 책은 『야생화 도감』이었어요. 등산을 하거나 꽃시장을 가면 제가 알지 못하는 꽃들을 많이 보게 되는데요, 그때마다 답답하더라고요. 바로 서점으로 달려가 『야생화 도감』을 구매했죠. 덕분에 지금은 산에 피어있는 꽃들의 이름은 어느 정도 알게 되었어요. 제가 자주 보는 채널은 〈사나고〉와 〈Artsy Madwoman〉입니다. 〈사나고〉는 3D 펜으로 작품을 만드는 채널인데요, 볼 때마다 많은 영감을 얻어요. 한 작품을 만들 때 한 달 이상의 시간이 걸리는데 나무, 한지, 벽돌 등 다양한 재료를 이용해 작품을 만들어내는 것을 보면서 저도 그런 제품을 만들어야겠다고 생각하

죠. 두 번째 추천 채널은 〈Artsy Madwoman〉인데 레진아트 채널이에요. 특히 압화를 활용해서 재미난 작품들을 시원시원하게 만들어내요. 유쾌하게 풀어내는 방식이 제가 닮고 싶은 모습이기도 하고요.

참고하기 위해 주로 가는 사이트는 어디예요?

🔵 참고하기 위해 주로 가는 사이트는 어디예요?

🔵 저는 주로 인스타그램이나 핀터레스트에서 자료를 자주 찾아봐요. 인스타그램은 해시태그를 이용해서 검색만 하면 내가 원하는 자료를 금방 찾을 수 있다는 장점이 있죠. 그리고 가장 빠르게 유행을 체크할 수 있는 곳이에요. 핀터레스트는 이제 너무 유명해졌죠? 국내뿐만 아니라 해외의 디자인 자료를 찾을 때는 핀터레스트만 한 곳이 없더라고요. 둘 다 앱을 다운로드하면 보기가 편해요.

압화아티스트에 관심 있는 청소년이라면
어떤 준비를 하는 게 좋을까요?

압화아티스트에 관심 있는 청소년이라면 어떤 준비를 하는 게 좋을까요?

압화는 국내뿐 아니라 해외에서도 많은 인기를 얻고 있어요. 해외 영상이나 자료를 보기 위해 기본적인 영어를 익혀두면 도움이 되겠죠. 무엇보다 이 직업이 내 성향과 적성에 맞는지 알아보기 위해 원데이 클래스 같은 체험을 추천해요. 〈체크스토리〉 유튜브 채널을 보면서 간단한 것부터 직접 만들어보고, 지역에 있는 압화 관련 기관이 있다면 직접 가서 배우는 게 최고죠.

압화아티스트에 관심 있는 성인이라면
무엇부터 시작하는 게 좋을까요?

편 압화아티스트에 관심 있는 성인이라면 무엇부터 시작하는 게 좋을까요?

이 내가 현재 하고 있는 취미나 활동에 압화를 접목하는 것부터 시작하는 걸 추천해요. 내가 캘리그래피를 좋아한다면 캘리그래피와 압화를 합쳐보는 거죠. 저희 유튜브나 인스타그램 듀토리얼을 보면서 따라 하다가 나중에는 자신만의 디자인으로 발전시켜 나가면 좋을 것 같아요. 만약 네일아티스트라면 시중에 파는 압화팩을 사서 쓰는 게 아니라 내가 원하는 꽃으로 직접 압화를 할 수 있다면 네일아티스트 중에는 최고가 될 수 있는 거잖아요. 메이크업 아티스트도 마찬가지고요. 나만의 필살기를 갖게 되는 거죠. 전문적으로 배우고 싶은 분이라면 압화 관련 자격증을 취득할 수도 있겠고요.

지역에 압화 교육기관이 없다면,
압화를 배울 수 있는 다른 방법이 있을까요?

🐙 직접 배울 수 있다면 적성과 흥미를 알 수 있어서 도움이 되겠어요. 압화를 배울 수 있는 곳은 어디인가요?

🐚 포털 사이트에 '압화 교육', '압화 수업' 등을 검색하면 교육기관이 나올 거예요. 만약 지역에 압화 교육기관이 없다면 평생교육기관을 알아보는 것도 좋아요.

🐙 맞아요. 지역마다 평생교육센터 혹은 평생교육관이 있잖아요. 도서관에서 문화 예술 프로그램을 운영하기도 하고요.

🐚 평생교육기관에도 압화 프로그램이 없다면 직접 강좌 개설을 요청하는 방법도 있어요. 지역 주민을 위한 평생교육 프로그램 제안은 언제든 환영할 거라고 생각해요.

🟤 평생교육기관에는 '찾아가는 배달강좌' 같은 방문 교육도 지역마다 운영하거든요. 다 다르긴 하지만 세 명에서 다섯 명만 모이면 강사를 파견해 주는 사업이에요. 친구나 이웃이 모여서 압화를 배운다면 더 재미있겠어요.

🟡 청소년은 교육청에서, 성인은 평생교육기관에서 동아리를 지원해요. 압화 동아리나 동호회를 만들어서 함께 배우고 성장한다면 더 뿌듯하겠죠? 혼자도 좋지만 관심사가 같은 사람들과 함께하면 더 다양한 아이디어가 솟아날 거예요. 서로 찾아본 압화 작품을 공유하면서 "오늘은 압화 전등을 만들어 볼까?" 하는 재미도 있을 거고요.

🟤 '빨리 가려면 혼자 가고, 멀리 가라면 함께 가라'라는 말이 떠오르네요.

압화 관련한 SNS를 운영한다면
동기부여가 될 거예요.

자신의 관심사를 인스타그램이나 틱톡, 유튜브 등에 올리는 게 자연스러운 시대가 되었어요. 압화 역시 이미지에 강한 콘텐츠여서 SNS를 운영해도 재미나겠어요.

네. 굳이 압화 전문가나 강사가 아니더라도 압화를 활용한 취미생활을 공유하는 과정이 동기부여도 될 거라고 생각해요. "너무 예뻐요.", "이건 어떻게 만드는 거예요?"라는 댓글이 달리면 더 좋은 작품, 더 멋진 작품을 만들기 위해 노력하게 되거든요.

특히 압화아티스트를 꿈꾸는 청소년이라면 자신의 SNS가 포트폴리오가 될 테니까 진로 설정에도 도움이 될 것 같아요.

한 가지 당부하고 싶은 말은 SNS는 타인의 평가가 있을 수밖에 없잖아요. 간혹 부정적인 댓글이나 반응이 나오더라도 좋은 의견으로 받아들이는 태도가 중요해요. 그런 의견을 바탕 삼아 수정하고 보완해 나간다면 압화아티스트로서의 역량이 충분히 강화될 거예요. 다양한 의견을 수렴하여 작품에 녹여내는 태도야말로 진정한 아티스트라고 할 수 있겠죠.

가장 중요한 것은 '일단' 해보는 것이라고요?

🔵 부끄러운 이야기지만 대표님과 인터뷰를 진행하면서 저도 이런저런 작품 아이디어를 냈잖아요. 그런데 하나도 실행하고 있지 않아요.

🔵 실행이 정말 중요해요. 이 책을 읽으면서 "우와, 나도 압화로 한 번 만들어봐야지!" 다짐하지만 정작 행동으로 옮기는 건 쉽지 않다는 걸 잘 알아요. 그래도 해보지 않으면 이 일이 내게 맞는지, 내가 흥미를 느끼는지 전혀 알 수 없잖아요. 지금 당장 잠깐 책을 덮어놓고 〈체크스토리〉에 들어가서 마음에 드는 압화팩을 주문하세요. 하루, 이틀 지나고 압화에 대한 관심이 잊힐 때쯤 택배가 도착할 거예요. 압화팩을 받으면 〈체크스토리〉 인스타그램이나 유튜브에 들어가서 어떤 작품을 만들어볼지 골라보세요.

🔵 선물 주고 싶은 누군가를 떠올리며 작품을 골라도 의미 있을 것 같아요. 책을 좋아하는 엄마를 위해서 압화 책갈피, 차를 즐겨 마시는 선생님을 위해서 압화 컵, 이런 식으로요.

🔴 첫 작품이라 다소 서툴더라도 일단 도전하는 것이 중요해요. 특히, 압화 편지의 경우 큰 품이 들지 않으니 A4 빈 용지에 자유롭게 꽃을 붙이고 그 안에 편지를 써도 좋고요. 내 얼굴을 그리고 머리카락을 꽃으로 꾸미면 나만의 자화상이 되겠죠? 행동하면 그다음 단계가 눈에 보일 거예요. 궁금한 점이 있으면 언제든 제게 연락해도 좋아요.

〈체크스토리〉가 직접 구성하는 압화팩

〈체크스토리〉의 소중한 고객 작품

한 평 사무실과
토끼 한 마리

원래 자신감 없고 우울한 사람이었다는 게
믿기지 않아요.

🔵 원래 자신감이 없고 우울한 사람이었다고요. 어떻게 지금의 밝고 당당한 에너지로 바뀌었는지 궁금해요.

🔵 자존감이 거의 바닥이었어요. 왜냐하면 30대가 되도록 돈도 없고 잘하는 것도 없고 꿈이 없었어요. 저는 오디션 프로그램 같은 걸 보면 너무 신기해요. 아니, 어떻게 저 나이에 자기 꿈이 있지? 자기의 재능을 발견했다는 게 너무너무 신기해요. 어릴 때 가정환경이 그리 유복하지 않았기 때문에 부모님이 저의 교육에 대해서 신경을 쓰거나 제 미래에 대해 함께 고민한 적이 없었던 것 같아요.

🔵 그 꿈을 서른여섯 살에 만난 거네요.

🔵 그때도 꿈이 또렷하진 않았어요. 그저 압화 사업을 통해서

돈을 많이 벌고 싶다 정도였지, 구체적으로 무얼 해서 어떻게 사는 사람이 되고 싶다는 건 없었어요. 좋아하는 일이 먼저냐, 잘하는 일이 먼저냐를 두고 봤을 때 저는 경제적 독립이 먼저라고 생각해요. 어느 정도의 경제적 독립이 이루어져야 그때부터 내가 원하는 걸 배울 수 있잖아요. 저도 그러한 과정을 겪으면서 조금씩 나아진 것 같아요.

성공 스토리에서 빼놓을 수 없는 게 실패 경험이거든요. 대표님도 실패를 여러 번 겪으셨다고 들었어요.

제가 웹디자이너를 하다가 그만뒀잖아요. 그런데 정식 웹디자이너가 아니라 아르바이트로 누끼 따는 일을 한 거예요. 지금도 우리 사무실에서 제가 손이 제일 빠른데, 10년 전에도 손이 빠르니까 누끼 따는 걸로 그때 당시 월급을 300~500만 원 받았어요. 너무 재미있어서 밤새우면서 했거든요. 정직원보다 월급이 더 많으니까 총무팀이나 인사팀에서 알바가 왜 이렇게 돈을 많이 받냐고 한 거예요. 저는 물 한 잔 안 마시고 쉴새 없이 일한 건데 말이죠. 그렇게 단가가 깎이면서 아무리 성과를 내도 월 급여를 150만 원밖에 못 받게 된 거죠.

열심히 일한다고 인센티브를 주는 것이 아니라 페널티를

쳤네요.

🔵 사람들은 열심히 일한 과정은 안 보고 결과인 돈만 보잖아요.

🟢 그리고 아동 쇼핑몰을 창업했는데 하루에 서너 시간 자면서 일을 해도 현실이 녹록지가 않았다고요?

🔵 끝이 보이지 않는 이 시기에 대한 두려움이 컸어요. 그때 제 나이가 30대 후반이었기 때문에 '내가 평생 이렇게 살 수 있을까?', '내가 결혼은 할 수 있을까?' 이런 생각을 많이 했어요. 제 주변에 또 워낙 잘된 친구들이 많았어요. 선생님 하는 친구들도 있었고, 유복한 가정에서 태어난 친구들도 있었고, 다들 경제적으로 여유가 있는데 제가 제일 언니였음에도 불구하고 힘든 상황이었죠. 그런 부분에서 자극을 많이 받았던 것 같아요. 나쁜 자극이 아니었어요. 이 친구들이 늘 저를 응원해 줬거든요. "언니는 진짜 잘될 거야.", "언니가 안 된다는 건 말이 안 된다, 이렇게 열심히 하는데." 그렇게들 힘을 주는 사람들이었기 때문에 큰 에너지를 많이 받았죠. 내가 정말 잘되는 모습을 보여줘야겠다. 그런데 어느 날 너무 힘든 거예요. 몸도 피곤한데 매출은 안 나오고. 왜, 그런 거 있잖아요. '이번 상품은 진짜 잘 팔릴 것 같아.' 그런데 안 되는 거예요. 그때 그만두

고 싶었어요.

📕 말만 들어도 숨이 막히고 막막해요.

📘 이제 그만두겠다고 친구들에게 말하는 장면을 상상해 봤어요. 그 친구들은 무조건 "언니 잘했어.", "다른 거 하면 되지." 라고 말하겠지만 순간 제가 너무 창피한 거예요. "나 이렇게까지 했는데 안 되더라, 그래서 그만뒀어."라고 얘기해야 되는데, '내가 정말 열심히 했을까? 그래, 열심히는 했어. 그런데 내가 과연 잘했나? 앞으로 진짜 6개월만 후회 없이 해보자. 이렇게까지 했는데 안 됐어.라고 얘기할 수 있을 때 그만두자.' 그렇게 결심을 하고 6개월을 데드라인으로 뒀어요.

📕 6개월만 진짜 잘해보자 결심했을 때, 그 전과 후 어떤 부분이 가장 달라졌나요?

📘 전에는 막연히 열심히만 했던 거 같아요. 시간을 많이 투자하고 지금처럼 하면 뭔가 되겠지라고 생각을 했는데, 조금 더 효율적이고 내가 잘할 수 있는 부분을 찾으려고 고민했어요. 마지막 잎새처럼 6개월을 보내겠다고 결단한 거죠. 그때 처음 했던 노력은 연예인 스타일을 연구하고 드라마를 다 보는 거였어요! 단역 아르바이트로 현장에 가기도 했고요. 그런

오자매

데 6개월까지도 안 가고 3개월 만에 〈해품달〉 편지를 보게 됐
고 거기서부터 시작이었죠.

압화 편지지 자본금을 마련하기 위해
아파트 장에 나가서 재고떨이를 하셨다고요?

🔵 압화 편지지 재료 살 돈이 없어서 아파트에서 열리는 장에 나가셨다고요?

🔵 그랬죠. 아동복, 성인복 다 실패하고 재고들이 쌓였어요. 특히 여성복은 컬러별로 구비해야 하니까 쇼핑몰 운영을 하면 할수록 재고가 계속 쌓이는 거죠. 코디할 신발, 가방 같은 잡화들도 많았어요. 그러다가 〈해품달〉을 보고 압화 편지지를 만들고 싶은데 제 수중에 돈이 없잖아요. 꽃도 사야 되고 한지도 사야 되는데. 그래서 인천에 있는 아파트 단지를 돌아다니면서 옷을 팔았어요. 부녀회에 회비 3만 원을 내고 아파트 장에 나가서 주말마다 옷을 깔아놓고 파는 거예요.

🔵 지금에야 웃으면서 이야기지만 그때는 어떠셨어요?

이 가끔 친구들을 만났는데, 그럴 때마다 부끄럽다는 생각을 했어요. "너 왜 여기서 이거 팔아?" 물어보는 거죠. 저도 아무렇지 않게 "그냥" 이러고 넘어가면 좋겠지만 친구들은 예쁘게 꾸미고 있는데 저는 스타렉스에 혼자 짐을 실었다 내렸다 하는 거예요. 아줌마들한테 하나라도 더 팔려고 하고요. 지금 생각해 보면 열심히 산 것뿐인데 그때는 많이 울었어요. 그 짐을 다 혼자 나르고 다시 집에 와서 창고에 넣어놓고 주말마다 또 아파트 장에 가서 팔았죠. 그리고 야외라 엄청 덥고 춥잖아요. 거의 6개월에 걸쳐서 재고떨이를 했던 것 같아요. 그렇게 6개월은 주말마다 여기저기 돌아다니면서 재고 판매를 했죠. 주말에 옷 판 돈을 모아서 한지와 꽃을 사고, 또 그다음 주에 옷 판 돈으로 한지와 꽃을 사서 자본금을 모으기 시작했어요. 6개월에 걸쳐서 겨울옷, 여름옷 다 파니까 한 3, 400만 원이 모였어요. 그렇게 시작을 했던 거예요.

편 그게 몇 년 전이에요?

이 10년 전이네요. 제가 여성 의류 쇼핑몰을 할 때 동대문에 있는 '한 평 사무실'이라고, 딱 한 평 되는 사무실에서 일을 했거든요. 집이 인천이라 밤에는 찜질방에 가서 자고요. 이런 식으로 생활을 했어요.

당시 대표님을 위로해 주는 존재가
작은 토끼 한 마리였죠.

한 평 사무실에서 10년 동안 묵묵하게 일했던 시간들이 임계점을 넘어 폭발한 거네요.

한 평 사무실은 창문도 없는 답답하고 작은 공간이었어요. 그때 집은 인천이었고 사무실은 동대문이라서 지하철로 출퇴근했거든요. 그런데 어느 날, 어떤 아저씨가 토끼를 팔고 있는 거예요. 너무 귀여웠어요. 저 토끼를 데려오고 싶은데 3만 원이래요. '아, 어떻게 하지?' CD기에서 현금을 찾아오겠다고 하니까 2만 원에 해준다는 거예요. 지갑 안에 딱 2만 원이 있었어요. 과연 내가 키울 수 있을까 고민하다가 그냥 뒤돌았어요. 몇 걸음 걷다가 뒤를 돌아봤는데 귀여웠던 애 말고 그 옆에 있던 애가 갑자기 눈에 확 들어오는 거예요. 얘가 자기를 데려가라는 거예요. 주저 없이 그 아이를 데리고 한 평 사무실로 왔죠.

편 이렇게 품에 안고요?

이 네. 그때 제가 하루에 서너 시간 자고 일했는데, 그 건물에 찜질방이 있었어요. 새벽 3시까지 일하고 찜질방에서 씻고 잠깐 눈만 붙이고 아침 9시쯤 일어나서 시장 사입을 하고 또 하루 일과를 시작하고 그렇게 몇 개월을 살았어요. 그때 제 옆에 그 토끼가 있었어요. 토끼 이름이 라임이에요. 라임이 붙잡고 "엄마 오늘 너무 피곤한 거 같아." 이러면서 이야기를 많이 했었죠. 그런데 라임이가 풀을 먹잖아요. 토끼가 먹는 건초도 꽤 비싸요. 매출이 괜찮은 날에는 평소보다 비싼 유기농으로 사주고 그랬어요. "엄마가 오늘은 너에게 연잎을 사줄 수 있게 됐어!" 이러면서요. 그게 저의 기쁨이었던 것 같아요.

내가 잘하는 것을 조금씩 찾아가는
여정이 중요하다고요.

🏷️ 배움이 자존감을 높이는 방법이로군요.

🔵 지금도 뭘 배우는 초창기에는 헤매요. 꽃꽂이를 하는데 너무 못하는 거예요. 나 왜 이렇게 못해? 수강생 중에서 내가 제일 못해. 나는 꽃꽂이도 못하네? 피아노를 배웠는데 피아노도 못하고, 기타도 배웠는데 기타도 못하는 거예요. 그런데 시간이 지나고 나면 어쨌든 나는 피아노를 배워본 사람이 되는 거고, 기타를 쳐본 사람이 되는 거고, 그래도 내가 꽃꽂이를 해본 사람이 되는 거예요. 열 개 배워보면 그중에 한두 가지는 잘하는 게 있더라고요. 내가 잘할 수 있는 걸 계속해서 찾아가다 보면 어느 정도 자존감이 올라가요. 그렇게 서서히 괜찮아졌지만 결정적으로 저를 세운 건 독서와 운동 같아요.

🔲 자존감이 높아지게 된 계기가 책과 운동이라고요?

🔲 저는 사업을 잘하고 싶었어요. 그런데 어느 날 우연히 읽었던 책에서 "내 분야에서 최고가 되려면 내 분야와 관련된 책을 열 권 이상은 읽어야 한다."라는 글귀를 보고 바로 사업과 관련된 책을 읽기 시작했어요. 만약 내가 사업을 잘하고 싶다면 성공한 사업가의 책을 읽는 거죠. 책을 읽는 건 내가 그 사람을 만나는 것과 마찬가지인 거잖아요. 책을 읽으면서 자존감이 많이 올라갔어요. 그리고 운동을 하다 보니 건강해지고, 덕분에 피지컬이 달라지면서 자존감이 올라갔고요.

🔲 돌이켜봤을 때 실패한 사업과 성공한 사업의 가장 큰 차이점은 뭐라고 생각하세요?

🔲 남들 따라 쫓아간 거요. "요즘 유튜버가 인기래, 나도 유튜버나 해볼까?" 이러잖아요. 내가 좋아하는 걸 찾는 게 아니라 저거 잘될 거 같아, 이러면 그걸 그냥 했던 것 같아요. 쇼핑몰이 잘되네. 그럼 나도 하면 되겠지? 이런 거요. 남들이 좋다고 하는 거를 우후죽순 쫓아간 것, 그게 가장 큰 실패 요인이지 않았을까 생각이 들어요.

돈을 많이 벌었는데도 행복하지 않았다고요?

ⓟ 자존감이라고 하는 건 돈을 많이 번다거나 사람들에게 인정을 받는다거나 그런 게 아니라 작은 성공을 계속해서 해보는 게 중요한 것 같아요.

ⓜ 돈을 많이 벌면 자존감이 올라갈 거라고 생각했지만 정작 사람들은 저에게 관심이 없더라고요. 제가 좋은 차를 타든, 좋은 옷을 입든 그런 거는 아무도 관심을 갖지 않아요. 돈을 많이 벌고 있는데도 행복하지 않은 거예요. 어느 해에는 해외를 열한 번 나간 적도 있어요. 그런데 그때가 가장 슬펐던 시기였어요.

ⓟ 뭔가 허전한 건가요?

ⓜ 네. 뭔지 모르게 너무 답답해서 한국에 있는 게 너무 싫은

거예요. 그때의 나는 SNS에 사진을 올리면서 나는 행복한 사람이야, 난 이렇게 돈도 쓰고 해외여행도 자주 가, 이런 거를 계속 증명하고 싶었던 거 같아요. 그런데 그때는 행복한 척을 한 거지 행복하지는 않았더라고요. 돌이켜보면, 행복하지 않은 현실을 부정하고 현실로부터 도피하고 싶었던 것 같아요. 행복은 물질로 채워질 수 없다는 걸 알게 된 거죠. 책을 읽고 무언가를 배우는 과정을 통해서 나 자신과 대화를 많이 하고 그러면서 나를 찾게 되었어요. 그러니까 예전보다 밝은 에너지가 생기고 긍정적으로 변하더라고요.

㉠ 그게 진짜 행복이고 진짜 자존감이었던 거군요. 돈을 많이 벌고 좋은 차를 타면 남들이 나를 인정해줄 줄 알았지만 그런 건 남에게 전혀 중요하지 않은 것 같아요.

㉡ 물론 물질적으로 풍족한 건 중요하죠. 하지만 그런 건 정말 한순간이에요. 밖에서 웃고 떠들다가 집에 돌아오면 공허하고 이게 다 무슨 의미가 있나 싶은 거예요.

㉠ 책과 운동이라는 건강한 방법을 잘 찾으셨네요.
㉡ 네. 저에겐 스물둘, 스물셋, 스물다섯, 스물여섯 살의 조카들이 있는데요, 요즘은 조카들에게 선물할 일이 있으면 용돈

과 함께 책을 선물해 줘요. 제가 책과 운동을 통해 행복을 찾은 것처럼 조카들에게도 행복을 선물하고 싶어서요. 물론 그건 스스로 깨달아야 하겠지만요. 그래서 용돈과 함께 줍니다.^^

성공한 많은 사람들의 이야기 중에 책과 운동의 중요성이 매번 나와요.

그렇죠? 그걸 몰랐을 때는 '뭐야, 무슨 책을 읽는다고 자존감이 올라가, 무슨 운동이야, 말도 안 돼!' 이런 마음이었어요. 그런데 이건 너무 간단한 방법인 것 같아요. 기본인 이유가 있어요.

독서의 중요성을 깨닫고 주기적으로
독서 모임을 가진다고요.

🔵 직원들과 독서 모임을 주기적으로 가진다고 들었어요.

🔵 제가 막 책을 읽기 시작했을 때 책에서 배우는 게 정말 많았어요. 그래서 제가 느끼고 배운 것들을 직원들한테 말로 전달했죠. "이렇게 하세요.", "이렇게 합시다." 책에서 얻은 심장 뛰고 설레는 문구들을 화장실에도 붙여놓고 좋은 글귀를 소개해 주면서 아자, 아자! 혼자 그랬는데 직원들은 제가 느낀 감동을 받아들이는 게 확실히 적더라고요. 아니 왜 모르는 거야? 답답했죠. 저도 분위기에 휩쓸려서 다시 원래대로 다운이 되는 거예요. 이유가 뭘까 생각해 봤더니, 이 감동을 나만 직접 느낀 거죠. 그런데 저도 책을 읽기 시작한 지 얼마 되지 않아서 어려운 책 말고 쉽게 읽히는 책을 읽었어요. 그중 하나가 『더 해빙』인데, 쉽게 읽을 수 있으면서도 삶을 바라보는 저의

태도를 바꾸게 한 책이에요. 그 책을 직원들에게 선물로 주면서 우리 같이 토론해 보자고 했죠. 직원들이 "네? 책을 읽고 토론을 해요?" 당황해하더라고요. 그런데 감사하게도 모두 책을 읽어 오고 적극적으로 토론에 참여하는 거예요. 나중에 슬쩍 소감을 물어보니까, 뭔가 지적 호기심이 생긴다고 해야 하나? 독서 토론이 새로운 경험이었던 거죠. 근무시간에 일 안 하고 토론하는 재미도 있었을 거고요.

책 토론을 하고서 달라진 점은 무엇인가요?

책을 두고 토론을 하니까 직원들에 대해 많이 알게 되더라고요. 사적인 부분이나 그들의 생각은 잘 모르잖아요. 만약 한 조직의 리더라면 책을 읽고 이야기 나눌 것을 강력하게 권해요. 직원들에 대해서 많이 알 수 있어요. 이런 생각을 가지고 있구나, 그래서 말을 그렇게 했구나. 답답하던 부분들이 해소돼요. '왜 저렇게 말을 할까' 하는 부분들도 알고 보니 다 히스토리가 있더라고요. 저는 직원들을 이해할 수 있는 시간이 되었어요. 직원들도 좋아했지만 저도 너무 좋더라고요. 우리 회사에 전화 상담을 하는 두 분이 부정적인 언어를 많이 쓰셨어요. "고객님, 그건 안 되는데요.", "그건 좀 힘든데요." 이런 응대는 제가 듣기에도 불편한데 고객들은 얼마나 불편하겠어요.

그런데 그 상황에 놓이면 본인이 어떤 언어를 쓰는지 몰라요. 그렇다고 녹취를 해서 피드백을 해줄 수는 없고 안타까운 상황이었죠. 『더 해빙』책을 읽고 함께 토론할 때 그런 부분을 슬쩍 강조하면서 이끌었어요. 중간중간 질문도 던지고요. 본인이 깨닫더라고요. 지금 독서 토론을 시작한 지 1년이 됐는데 부정적인 언어가 많이 줄어들었어요. 또 다른 분은 제가 업무 부탁을 하면 "저 못하는데요.", "안돼요." 이런 말을 쉽게 했던 분이었는데 지금은 그런 말을 안 하세요. "한번 해볼게요.", "찾아볼게요.", "안 되면 얘기할게요." 이렇게 바뀐 거죠. 본인의 능력을 한정 짓던 습관이 사라지니 도전하고 시도하는 것들이 훨씬 많아지면서 스스로도 성장했다고 뿌듯해요.

편 독서 토론 주기가 어떻게 돼요?

이 1년에 두 번 정도 해요. 한 권을 읽고 그걸 내 삶에 적용하고 패턴화하는 시간이 그 정도 걸리는 거 같아서요. 직원들은 6개월에 한 번, 1년에 두 번만 해요. 독서가 짐이 되면 안 되잖아요. 그런데 의미 있는 변화는 독서 토론과 별개로 직원들이 스스로 책을 구매해서 읽더라고요. 그게 너무 신기했어요. "사장님, 올해 트렌드는 'RABBIT JUMP' 아니에요?" 하는데 벅찼어요. 책 읽는 즐거움을 알고 주도적으로 행동하는 걸 보는데 너무 행복하더라고요. 이제는 책을 먼저 추천해 주기도 해요. 제가 찾은 진정한 행복, 그러니까 배움을 통해서 내가 성장하는 걸 느낄 때의 행복을 직원들도 함께 느끼기를 바라는 마음에서 시작한 건데 좋은 문화가 되어서 기뻐요. 독서는 인생에서 중요한 기본을 찾아가는 여정인 것 같아요.

대표님의 강점 세 가지가 뭘까요?

편 대표님의 강점 세 가지가 뭘까요?

이 첫 번째는 실행력이요. 실행력이 가장 큰 저의 강점인 것 같고요. 배우려고 하는 의지도 커요. 또 하나가 뭐가 있을까요? 사람 만나는 거에 대한 두려움이나 거부감이 없는 것도 많은 기회를 만들어주는 것 같아요.

편 추진력은 타고 나신 거예요?

이 제가 좀 성격이 급해서 그런 거 같아요. 어떤 안건에 대해 고민을 할 때 머리로 따따따 계산해 보는 거죠. '이거는 될 것 같아!'라는 생각이 들면 주저 없이 바로 실행해요. 이게 장점 이자 단점이죠.

🔵 어떤 부분 때문에 단점이라고 생각하시는 거예요?

🔴 새로운 시도나 아이디어에 대해 한번 해보라고 사람들에게 권하면 고민하는 시간이 길더라고요. 이걸 했을 때 어떻게 되는지 고려하는 것들이 실패를 최소화하기 위한 과정이잖아요. 다양한 변수와 기회비용을 생각하면서 손익계산을 하는데 저는 될 것 같으면 일단 실행으로 옮기다 보니까 실패하는 경우도 있어요. 그런 부분에서는 약점이기도 하죠.

🔵 돌이켜 봤을 때 아, 이건 내가 생각해도 좀 무모했다 이런 도전 있으세요?

🔴 음, 도전에는 다 의미가 있어서 그랬던 건 없어요. 실패를 하더라도 다 남는 게 있더라고요. 그래도 크게 실패하지 않은 것이 다행이고 감사한 일이죠.

과거의 경험이 현재와 어떻게 연결되나요?

🔵 20대로 돌아간다면 무엇을 하고 싶으세요?

🟡 20대의 저는 '세상은 경험을 많이 해보라고 하지만 돈이 없는데 무슨 경험을 어떻게 해?'라고 생각했어요. 제가 지금 20대라면 무조건 여행을 많이 할 거예요. 20대면 돈이 부족할 테니 두어 달 아르바이트해서 한 달 여행하고, 또 두어 달 아르바이트해서 한 달 여행하고, 제주도 한 달 살기도 해보고! 많은 곳을 여행하고 싶어요.

🔵 과거 웹디자이너로 시작을 해서 쇼핑몰 운영까지 하셨는데, 당시의 경험이 현재 하는 일에 어떤 의미가 있는 것 같아요?

🟡 그때 배운 사소한 하나하나가 현재에 많은 영향을 끼치고 있어요. 저는 어릴 때부터 컴퓨터를 잘 다뤘어요. 고등학교 때

정보처리기능사 시험을 봤는데 60분짜리 시험 문제를 18분 만에 다 풀었을 정도였으니까요. 그때 컴퓨터를 잘한다는 생각을 했죠. 그리고 영어를 좋아했어요. 컴퓨터 명령어나 코드가 영어로 되어있으니까 영어를 좀 알아야겠다고 생각했어요. 그래서 전공도 영어를 했죠. 사진 찍는 것도 좋아해서 인물 사진 클래스에 가서 DSLR 카메라 찍는 기술을 배웠는데, 나중에 쇼핑몰 운영할 때 큰 도움이 되었어요. 컴퓨터도 곧잘 하고, 영어를 배웠으니 해외 사이트에서 자료 찾는 것도 부담이 덜하고, 사진 찍는 일도 남의 손을 빌리지 않고 제가 직접 할 수 있게 됐죠.

🔵 의미 없는 일들이 하나도 없는 것 같아요. 언제가 될지 모르지만 어떻게든 쓰이는 것 같아요. 그렇죠?

🔵 그래서 남들 따라가지 말고 내가 잘하는 걸 찾으면 되는 거 같아요. 잘 생각해 보면 내가 지금 하고 있는 것들 중에 분명히 칭찬을 많이 듣는 부분이 있을 거예요. 예를 들면, "넌 남들보다 사진을 잘 찍는 것 같아.", "넌 남의 이야기를 잘 들어주는 것 같아." 등등 남들보다 조금 잘하고 있는 것들, 내가 생각해도 쉽게 하는 것들이 있는데 그 부분을 일로 연결시키면 조금 더 빠르게 내가 바라는 삶으로 나아갈 수 있지 않을까 해요.

그녀의 개화는
여전히

유튜브를 운영하는 목적이
고객과의 소통 때문이라고요?

🔵 유튜브도 운영하고 계신데요, 유튜브를 하는 이유가 수익이 아니라 다른 목적 때문이라고요?

🔵 네. 유튜브는 압화를 홍보하기 위해서 시작하게 되었어요. 압화를 알리는 일 역시 저의 중요한 역할이라고 생각해요. 압화를 아는 사람이 많아질수록 생각지도 못한 영역과 결합해서 재미난 제품이나 상품, 서비스가 탄생할 테니까요. 압화를 직접 하고 싶은 분들을 위해서 압화 수업을 하기도 하고, 압화를 활용하는 방법들을 소개하기도 해요. 그리고 FAQ 성격을 가지고 유튜브를 운영하는 것도 있어요. 고객들이 자주 묻는 질문들이 있거든요. "이럴 때는 어떻게 해야 해요?", "이건 왜 그래요?" 그런 질문들에 대한 답변을 영상으로 찍으면 CS(고객서비스)가 되는 거죠.

🔖 유튜브를 추천하는 이유는 뭘까요?

🎨 유튜브를 하면 정말 좋아요. 내가 다루고자 하는 콘텐츠에 대해 공부를 많이 할 수밖에 없어요. 확실하지 않은 부분을 얼렁뚱땅 알려줄 수 없잖아요. 내가 알고 있는 지식이 정말 맞는 건지 다시 한번 짚고 넘어가게 되고, 정보에 대한 신뢰도를 위해서 검증하고 확인하는 과정에서 공부가 정말 많이 돼요.

유튜브를 통해 새롭게 연결된 일이 있나요?

🔲 유튜브를 통해 새롭게 연결된 일이 있나요?

🔲 지난 2년 동안 하나도 팔리지 않았던 압화 만드는 제품이 완판됐어요. 저희가 실제로 압화 할 때 쓰는 제품이거든요. 제품이 너무 괜찮아서 판매도 함께 했는데 2년 동안 단 한 개도 팔리지 않았어요. 그런데 이 제품으로 압화 만드는 영상을 올렸더니 신기하게도 한 달도 안 돼서 다 팔렸어요. 재주문을 했죠.

🔲 공통 관심사를 지닌 사람들이 모여서 영상을 보고 댓글을 주고받으니까 커뮤니티 형성이 되는 것도 있죠.

🔲 실제로 수업을 해달라는 문의가 많이 들어와요. 코로나가 잠잠해졌으니 정규 수업을 편성해서 운영할 계획이에요.

압화와 관련한 전문 서적 출간을
준비하신다고요.

🔲 압화에 대한 책을 준비하고 있다고 들었어요.

🔲 압화 책 출간을 위해서 자료를 정리하고 있어요. 직접 압화 하는 과정과 결과물을 모은 압화 매뉴얼 성격이에요. 장미는 몇 월에, 얼마에, 어디서 구매했고, 압화를 할 때 몇 킬로그램으로 눌렀고, 며칠 만에 압화가 완성되었다는 매뉴얼부터 시작해서 꽃과 식물의 압화 전후 모습도 함께 보여주는 거죠. 압화를 하고 싶어 하는 분들, 압화에 대해 관심 있는 분들을 위해 압화 튜토리얼을 만들고 있어요. 사실 예전부터 압화는 존재했지만 여전히 많은 사람들이 모르거든요. 아이부터 노인까지 꾸미고 즐길 수 있는 재료인 만큼 더 많은 사람들이 알았으면 좋겠어요.

앞으로 어떤 콘텐츠를 개발하고 싶으세요?

편 앞으로 어떤 콘텐츠를 개발하고 싶으세요?

아 지금 아이들을 위한 DIY 제품 외에 시니어를 위한 콘텐츠를 개발하고 있어요. 압화는 일본과 대만이 우수하고 앞서있거든요. 제가 일본 출장을 매년 갔는데 전시회장을 가면 잘 차려입은 60대, 70대 할머니들이 압화에 대해 설명을 하고 교육을 해요. 일본은 고령화가 먼저 진행된 사회잖아요. 그러다 보니 압화를 가르치는 선생님도, 압화를 배우는 학생도 시니어들이 많아요. 우리나라도 곧 그렇게 되겠죠. 그런데 우리나라는 안타깝게도 노인들이 할 수 있는 놀이나 문화가 거의 없어요. 우리나라는 50세, 60세 되신 분들이 자녀들 다 대학 보내고, 시집 장가보내고 나면 허전한 거예요. 평소 즐기던 취미 생활도 없다 보니까 우울증이 많이 온대요.

🖊 빈 둥지 증후군이죠.

🌸 네. 그 말을 듣고 가슴이 철렁하고 안타까웠어요. 어른들을 위한 무언가를 만들고 싶은 생각이 강렬했죠. 압화는 꽃이니까 보거나 만지면 기분이 좋고 힐링도 되고 촉감놀이도 할 수 있거든요. 만들고 나면 성취감도 있고 소중한 사람에게 선물로 줄 수도 있어요. 시니어들이 이런 활동과 경험을 통해서 충분히 직업으로 발전할 수 있어요. 일본처럼 할머니, 할아버지가 수업을 하고 작품 활동도 하고 전시회도 하는 거예요. 우리나라 실버 세대에게 또 다른 세상을 보여드리고 싶어요. 실버 세대를 위한 클래스나 전시회 같은 행사를 개최하고, 또 그들을 전문 강사로 양성해서 활동을 지원하고 싶어요. 우선 과제는 전시회 개최를 위한 압화 제품을 시니어들과 함께 만드는 일을 연구하고 있답니다.

압화 외에 하고 싶은 일이 있으세요?

◉ 압화 외에 하고 싶은 일이 있으세요?

◉ 환경에 대해서 많이 생각하게 되었어요. 저는 웬만하면 텀블러를 가지고 다니려고 해요. 제 주변 친구들도 그렇더라고요. 플라스틱 제품을 사용하지 않기 위해 샴푸바, 대나무 칫솔 등을 쓴다거나 비닐봉지나 일회용품을 쓰지 않고 장바구니를 이용하는 등의 노력을 하고 있죠. 〈체크스토리〉 제품도 환경을 생각하는 포장을 위해 고민하고 있어요. 꽃이 자연에서 왔잖아요. 환경과 관련된 활동들, 지구를 살리거나 나 하나의 노력으로 조금이라도 바꿀 수 있는 것들이 무엇인지 찾아내야죠.

어떤 삶을 살고 싶으신가요?

🔵 어떻게 살고 싶으세요?

🔵 저는 그저 작은 회사의 대표이긴 하지만 제 능력이 되는 한 선한 영향력을 끼치면서 살고 싶어요. 한동안 제가 몸이 아파서 집에 있었는데 아프니까 아무것도 할 수가 없는 거예요. 그때 생각했어요. 몸이 아픈 분들을 위해서 봉사와 후원을 많이 하고 살아야겠다는 생각이요. 저희 일이 장애인들이나 연세가 많으신 분들도 충분히 할 수 있는 일이거든요. 소외 계층과 일감을 나눠야죠. 고용을 해서 함께 일하는 방법도 있고 협업을 통해 일자리를 창출할 수도 있겠죠.

🔵 소셜 미션을 실천하는 〈체크스토리가〉가 되겠네요.

최종적으로 이루고자 하는 목표가 있나요?

🔵 최종적으로 이루고자 하는 목표가 있나요?

🔵 최종적으로는 교육 사업을 하고 싶어요. 아이들과 어른들을 위한 장소를 만드는 거예요. 이 공간은 아이들은 재미있는 수업을 하고, 부모님들은 자유시간을 가질 수 있는 곳인데요, 어린이 체험 활동을 할 수 있는 카페를 만들고, 카페 옆으로 화원을 조성하고 텃밭을 가꿀 거예요. 아이들이 화원과 텃밭을 구경하고 재미난 수업을 할 수 있게 다양한 강사를 초빙하고요. 아이들에게 꽃 수업, 만들기 수업, 미술 수업 등 다양한 체험 활동을 제공하고 싶어요. 화원의 꽃으로 꽃꽂이도 하고, 생화로 압화도 직접 만들어보는 거죠. 아이들이 체험을 하는 동안 부모님들은 커피 한잔할 수 있는 개인 시간을 드리는 거예요. 자녀들의 활동사진을 부모님들에게 보내드리고 연말

에는 전시회도 열고 유튜브도 찍고요. 많은 사람들이 활용할 수 있는 공간을 만들고 싶어요. 그게 가장 하고 싶은 일이에요.

편 꽃 넣어서 도자기도 만들면 좋을 것 같아요.

이 도자기도 너무 좋네요. 또 콜라보 해야겠다. 할 게 진짜 많아요.

압화아티스트라는 직업으로 인해서
내 인생, 내 삶, 나 스스로가 어떻게 변했나요?

⊙ 압화아티스트라는 직업으로 인해서 내 인생, 내 삶, 나 스스로가 어떻게 변했나요?

⊙ 타인에게 기쁨을 주는 삶으로 변했다고 생각해요. 예를 들면 결혼할 때 압화 편지를 쓰는 일이 그분들에게 작은 기쁨이 됐다면 압화아티스트로서 저에게는 그로 인한 경제적인 여유와 보람이 생겼죠. 제가 새벽 3시까지 안 자고 새로운 작품을 만들어서 온라인에 올렸어요. 그런데 아침에 주문이 들어오면 그게 너무 신기하고 저에게는 큰 원동력이 되는 거예요. 제가 서른여섯이라는 나이에 새로운 시작을 했거든요. 제2의 인생이 열린 느낌이에요.

⊙ 만약에 압화 일이 망했다면 대표님은 지금 뭐 하고 있을

것 같아요?

🔵 진짜 저 뭐 하고 있었을까요? 또 그 자리에서 열심히 살고 있었겠죠.

🔵 성실함은 원래부터 탑재가 되어있는 것 같아요. 엉덩이 힘이 강한 분이에요.

🔵 제가요? 그렇게 생각해 본 적은 없는 것 같아요.

🔵 웹디자이너로 일했을 때도 누끼 따는 일 밤새도록 하고, 쇼핑몰도 하루에 서너 시간 자면서 운영하고, 한 번 앉으면 일어나지 않는 스타일 같은데요?

🔵 어느 날 이렇게 해봤어요. '오늘 세 시간 일하고 퇴근해야지.' 그런데 다음 날 일에 다시 집중하기까지 두 시간이 넘게 걸리는 거예요. 시작한 일은 그날 다 끝내는 게 효율적이더라고요. 밤늦게라도 다 끝내고 집에 가기. 제 업무 방식을 알게 된 거죠.

🔵 그걸 보고 '성실'하다고 대개 말을 하죠. 운동도 매일 두 번 하시잖아요. 그렇게 하기 쉽지 않거든요.

🔵 저는 왜 열심히 사는 거죠? 저를 너무 사랑하나 봐요.

📝 압화아티스트라는 직업이 자기 자신을 바라보는 눈을 완전히 바뀌게 만든 것 같아요.

🌼 맞아요. 저를 성장하게 한 건 꽃이에요. 단순히 돈을 벌기 위한 일이 아니라 나를 변화시키고 내 인생을 변화시킨 존재죠. 지금도 어디 가면 꽃밖에 안 보여요.

📝 일 자체가 그냥 삶이 되었네요. 일삶일치를 이룬 대표님의 개화를 축하합니다.

부록

압화 하는 방법

압화를 할 때에는 압화 건조 매트를 사용하는 것을 추천합니다. 꽃색이 깨끗하고 선명하게 골고루 나오며, 건조 매트 안에 메시가 들어있어 얇은 꽃, 두꺼운 꽃도 쉽게 압화 할 수 있답니다.

구성품 설명

압화 건조 매트
압화 건조 시 생화의 수분을 빼줍니다.
건조 후 재사용이 가능합니다.

비닐봉지
생화를 모두 건조 매트에 진열한 후
공기가 들어가지 않도록 마감합니다.

꽃화지
건조 과정에서 꽃이 매트에 붙지 않게 해주는
특수 용지로 재사용이 가능합니다.

압화 보드판/벨트
압화의 모양이 흐트러지지 않도록
단단하게 고정해 줍니다.

꽃 보관 봉투
압화 된 꽃을 보관하는 봉투입니다. 꽃의 수분 상태를
알려주는 인디케이터 마크가 있습니다.

향기로 유혹하는
프리지어

프리지어

- 꽃피는 시기 : 초여름~가을
- 컬러 : 옐로
- 특이사항 : 생화 때 색상 그대로 압화 됨
- 압화 누른 무게 : 30kg

압화 전

압화 후

〈준비물〉

프리지어 한 단, 건조 매트, 압화 보드판, 벨트, 꽃화지, 칼, 핀셋, 가위

01. 프리지어 꽃잎 압화 하는 방법 —————

① 건조 매트를 깔고 꽃화지의 부드러운 부분이 위를 향하도록 올려줍니다.

② 프리지어 꽃봉오리를 마사지하듯 꽃잎을 펴고 간격을 두고 배열해 줍니다. 이때 꽃의 얼굴이 건조 매트를 향하도록 놓아줍니다.

③ 배열한 꽃 위에 꽃화지의 부드러운 부분이 꽃을 향하도록 덮어줍니다.

④ 그 위에 건조 매트를 다시 올려준 후 1번~4번을 반복합니다.

⑤ 꽃을 모두 올렸으면 비닐봉지에 건조 매트를 통째로 넣고 마감해 줍니다.

⑥ 압화 보드판으로 고정한 후, 벨트로 묶어 완성합니다.

※ 확실한 압화를 원한다면 30kg 이상의 무게로 눌러주세요. 입체감 있게 말리고 싶으면 무게감 없이 말리면 됩니다.

프리지어는 수분이 많기 때문에 다른 꽃에 비해 건조 매트를 자주 갈아주는 것이 좋습니다.

Tip | 압화 건조 매트 교체 시기

① 압화 한 날로부터 24시간 후 교체
② 3일 차 교체
③ 6일 차 교체
④ 7일차 되는 날 보관

프리지어 압화 후

02. 두꺼운 꽃 혹은 줄기 압화 하는 방법 ──────

국화, 거베라와 같은 두꺼운 꽃이나 두께가 있는 줄기는 수분 흡수를 위하여 '메시판'에 말려주어야 꽃 모양이 예쁘고 균일하게 나옵니다.

기본 건조 매트   메시 건조 매트

삐죽삐죽한 모양   동글동글한 모양

① 메시 매트 검은색 부분이 아래를 보게 놓습니다.
② 꽃화지의 부드러운 부분이 꽃(위)을 향하게 놓습니다.
③ 줄기는 두껍기 때문에 칼을 이용하여 반으로 길게 잘라서 버립니다.
④ 봉오리가 유독 두꺼운 부분은 꽃술을 핀셋으로 빼고 꾹꾹 눌러줍니다.
⑤ 봉오리와 줄기를 배열한 후, 꽃화지의 부드러운 부분이 꽃을 향하도록 덮어줍니다.
⑥ 메시 매트의 검은 면이 꽃을 향하도록 덮습니다.
⑦ 비닐봉지에 건조 매트를 통째로 넣고 마감해 줍니다.
⑧ 압화 보드판으로 고정한 후, 벨트로 묶어 완성합니다.

03. 다양한 꽃들의 압화 정보 ──────────

물망초

- 꽃피는 시기 : 5월~6월
- 컬러 : 블루
- 압화 누른 무게 : 30kg
- 특이사항 : 생화 때 색상 그대로 압화 됨
- 건조 매트 교체 시기
  ① 압화 한 날로부터 24시간 후 교체
  ② 3일 차 교체
  ③ 4일 차 교체
  ④ 7일차 되는 날 보관

1일차		3일차	4일차			7일차
교체		교체	교체			보관

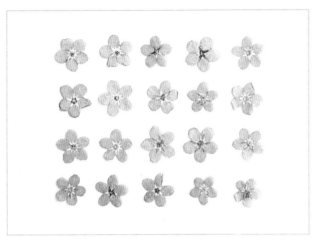

공작초

- 꽃피는 시기 : 가을, 9월
- 컬러 : 퍼플
- 압화 누른 무게 : 30kg
- 특이사항 : 퍼플에서 블루로 변경, 잎이 생각보다 얇아짐
- 건조 매트 교체 시기
  ① 압화 한 날로부터 24시간 후 교체
  ② 4일 차 교체
  ③ 7일 차 교체
  ④ 8일차 되는 날 보관

1일차			4일차			7일차	8일차
교체			교체			교체	보관

거베라

- 꽃피는 시기 : 5~11월
- 컬러 : 다홍, 레드, 옐로, 화이트
- 압화 누른 무게 : 50kg
- 특이사항 : 생화일 때보다 톤이 다운되고 흐려짐. 꽃 보관 시, 건조지 자주 관리해야 함
- 건조 매트 교체 시기
  ① 압화 한 날로부터 24시간 후 교체
  ② 4일 차 교체
  ③ 7일 차 교체
  ④ 10일 차 교체
  ⑤ 11일 차 되는 날 보관

| 1일차 | 4일차 | 7일차 | 10일차 | 11일차 |
| 교체 | 교체 | 교체 | 교체 | 보관 |

산초나무

- 꽃피는 시기 : 7~9월
- 컬러 : 그린
- 압화 누른 무게 : 30kg
- 특이사항 : 잎의 윤기가 사라짐. 앞뒤 색상에 예쁘게 나와 양면으로 사용 가능
  ※ 산초나무 잎은 얇은 꽃에 해당하기 때문에 압화 건조 매트 사용 시, 매트를 빼고 압화
- 건조 매트 교체 시기
  ① 압화 한 날로부터 24시간 후 교체
  ② 3일 차 교체
  ③ 4일 차 교체
  ④ 8일 차 되는 날 보관

1일차		3일차	4일차				8일차
교체		교체	교체				보관

미니 카네이션

- 꽃피는 시기 : 7~8월
- 컬러 : 핑크
- 압화 누른 무게 : 30kg
- 특이사항 : 생화 때 색상 그대로 압화 되지만 꽃에 따라 재조립을 해야 함
- 건조 매트 교체 시기
  ① 압화 한 날로부터 24시간 후 교체
  ② 3일 차 교체
  ③ 4일 차 교체
  ④ 8일 차 되는 날 보관

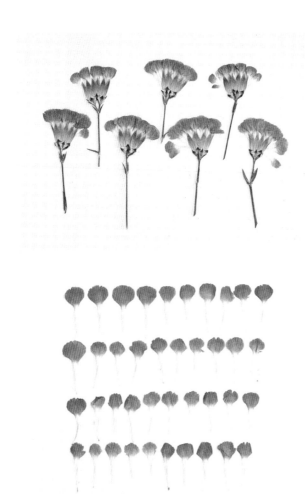

능소화

- 꽃피는 시기 : 7~9월
- 컬러 : 다홍
- 압화 누른 무게 : 30kg
- 특이사항 : 생화보다 어둡게 압화 되어 적화 처리 필요(적화 처리란, 붉은 계열의 꽃 압화 시 생화의 색상보다 어둡게 압화되었을 때 원래의 색상으로 환원해 주는 방법)
- 건조 매트 교체 시기
  ① 압화 한 날로부터 24시간 후 교체
  ② 2일 차 교체
  ③ 3일 차 교체
  ④ 7일 차 되는 날 보관

1일차	2일차	3일차					7일차
교체	교체	교체					보관

청소년들의 진로와 직업 탐색을 위한
잡프러포즈 시리즈 58

일상의 작은 기쁨
압화아티스트

2023년 2월 24일 | 초판1쇄

지은이 | 이은진
펴낸이 | 유윤선
펴낸곳 | 토크쇼

편집인 | 박시현
교정 교열 | 박지영
표지디자인 | 이든디자인
본문디자인 | 김연희
마케팅 | 김민영

출판등록 2016년 7월 21일 제2019-000113호
주소 | 서울시 서초구 나루터로 69, 107호
전화 | 070-4200-0327
팩스 | 070-7966-9327
전자우편 | myys327@gmail.com
블로그 | http://blog.naver.com/talkshowpub
ISBN | 979-11-91299-11-3 (43190)
정가 | 15,000원